中等职业教育电子商务类专业系列教材

智慧物流末端运营

ZHIHUI WULIU MODUAN YUNYING

主编 范锡宏

图书在版编目(CIP)数据

智慧物流末端运营 / 范锡宏主编. --西安：西安交通大学出版社,2024.9.--(中等职业教育电子商务类专业系列教材).-- ISBN 978-7-5693-1918-7

Ⅰ.F252.1-39

中国国家版本馆CIP数据核字第2024VH9327号

书　　名	智慧物流末端运营
主　　编	范锡宏
策划编辑	曹　昳
责任编辑	刘艺飞
责任校对	张明玥
封面设计	任加盟
出版发行	西安交通大学出版社 (西安市兴庆南路1号　邮政编码 710048)
网　　址	http://www.xjtupress.com
电　　话	(029)82668357　82667874(市场营销中心) (029)82668315(总编办)
传　　真	(029)82668280
印　　刷	西安五星印刷有限公司
开　　本	787 mm×1092 mm　1/16　印张 13　字数 280千字
版次印次	2024年9月第1版　2024年9月第1次印刷
书　　号	ISBN 978-7-5693-1918-7
定　　价	48.00元

如发现印装质量问题,请与本社市场营销中心联系。
订购热线:(029)82665248　(029)82667874
投稿热线:(029)82668804
读者信箱:phoe@qq.com

版权所有　侵权必究

前言

当前物流领域进入智慧物流时代,强调通过大数据、云计算、智能硬件等智慧化技术与手段,提高物流系统感知、学习的能力,提升整个物流系统的智能化、自动化水平,从而降低物流"最后一公里"配送的成本,提高作业效率。

"智慧物流末端运营"课程是专业核心课程。本书是根据《国家职业教育改革实施方案》(国发[2019]4号)、《职业教育提质培优行动计划(2020—2023年)》(教职成[2020]7号)、《关于推动现代职业教育高质量发展的意见》的精神和要求,由校企合作开发的职业教育教材,满足中等职业教育人才培养的要求,体现职业教育特色。

本书根据教学标准的要求和初学者的实际情况编写,项目一、项目二从实用角度出发,以循序渐进的方式,由浅入深地全面介绍了智慧物流的发展、智慧物流装备;项目在深入调研和分析物流末端运营实践的基础上,针对驿站的细分岗位需求进行学习情境的设置,把驿站运营实际工作流程中的情景和任务进行序化,实现岗位工作流的整合。本书具体有以下几个方面的特点。

(1)将知识传授、能力训练同陶冶情操、提高觉悟、行为养成结合起来,做到知行统一。

(2)立足于学生认知水平、年龄、学科特点、社会经济发展及专业实际,从学生的思想、生活实际出发,深入浅出、寓教于乐、循序渐进,多用鲜活通俗的语言、典型的事例、喜闻乐见的形式,增强了课程的吸引力和感染力。

限于编者的水平和经验,不足之处在所难免,敬请读者朋友们批评指正。

编 者

2024.07

目录

项目一 智慧物流发展 ………………………………………………………… 1

任务一 智慧物流概述 …………………………………………………… 1
第一节 智慧物流的概念及特点 ……………………………………… 1
第二节 智慧物流模式与架构 ………………………………………… 5

任务二 智慧运输 ………………………………………………………… 10
第一节 智慧公路运输 ………………………………………………… 10
第二节 智慧铁路运输 ………………………………………………… 19
第三节 智慧水路运输 ………………………………………………… 25
第四节 智慧航空运输 ………………………………………………… 32

任务三 智慧仓储 ………………………………………………………… 37
第一节 初识智慧仓储 ………………………………………………… 38
第二节 智慧仓储关键系统与技术 …………………………………… 43

任务四 智慧供应链 ……………………………………………………… 51
第一节 智慧供应链的概念及特征 …………………………………… 52
第二节 智慧供应链应用案例 ………………………………………… 54

任务五 初始末端物流 …………………………………………………… 57
第一节 末端物流的概念及特点 ……………………………………… 57
第二节 末端物流的发展 ……………………………………………… 62

项目二 认识物流装备 ……………………………………………………… 67

任务一 智慧仓储装备 …………………………………………………… 67
第一节 智慧仓储装备概述 …………………………………………… 67
第二节 自动化立体仓库 ……………………………………………… 75

  任务二 智慧配送装备 ……………………………………………………… 83

    第一节 智能配送装备概述 …………………………………………… 84

    第二节 无人配送车 ………………………………………………… 87

    第三节 无人机 ……………………………………………………… 89

    第四节 智能快递柜 ………………………………………………… 93

  任务三 智慧装卸搬运装备 …………………………………………………… 96

    第一节 智慧装卸搬运装备概述 …………………………………… 97

    第二节 巷道式堆垛机 ……………………………………………… 102

    第三节 自动导引搬运车（AGV） ………………………………… 108

    第四节 搬运机械臂 ………………………………………………… 113

  任务四 智慧分拣输送装备 …………………………………………………… 121

    第一节 智慧分拣输送装备概述 …………………………………… 121

    第二节 主输送装置 ………………………………………………… 126

    第三节 自动分拣、拣选装置 ……………………………………… 134

项目三 末端物流——菜鸟驿站 …………………………………………… 143

  任务一 驿站开设 ……………………………………………………………… 143

  任务二 驿站人员管理 ………………………………………………………… 152

  任务三 驿站安全管理 ………………………………………………………… 166

  任务四 驿站派件 ……………………………………………………………… 171

  任务五 驿站寄件 ……………………………………………………………… 183

  任务六 驿站数据化运营 ……………………………………………………… 192

项目一 智慧物流发展

任务一 智慧物流概述

任务目标

(1)掌握智慧物流的概念；
(2)掌握智慧物流的特点；
(3)理解智慧物流的模式；
(4)理解智慧物流的系统架构。

任务描述

学习"智慧物流"概念的起源发展及现今智慧物流的系统框架，掌握智慧物流的概念特点，理解智慧物流的发展模式及智慧物流的系统架构组成。

任务准备

(1)学习我国智慧物流的发展历史；
(2)参观调研周边的快递公司。

第一节 智慧物流的概念及特点

任务导读

人社部、市场监管总局、统计局联合发布了13个新职业。其中，工业机器人系统操作员、工业机器人系统运维员、人工智能工程技术人员、物联网工程技术人员、物联网安装调试员等一批新职业，都与智慧物流息息相关。

制造业开拓了新市场

当人工智能、物联网等新兴技术应用在物流行业之后,有人担忧机器人会替代人。但是,不仅这种情况没有发生,还带来了新的就业机会。

目前,全国多地都出现了无人物流园、智能物流仓库(图1-1),大量相关设备、机器人都依赖于物联网和工程技术人员的部署、维护。许多原本从事物流业的体力劳动者在接受培训后,迅速走上了新岗位。

图1-1 智慧物流仓库

同时,一些高学历人才也加入了物流业。孙平吉2012年在浙江大学软件工程专业毕业后,加入了菜鸟物流,承担了研发刷脸取件技术的任务,成为项目负责人。在团队的努力下,刷脸取件技术完成了场景落地从0到1的全过程。

目前,全国所有带摄像头的菜鸟驿站智能柜都开通了刷脸取件功能,消费者可以在柜子上实名认证、授权后,使用刷脸取件功能。智能快递柜带动了大量物联网技术人才、人工智能人才涌入该领域。

当前物流企业对智慧物流的需求主要包括物流数据、物流云、物流设备三大领域,预计到2025年智慧物流市场规模将超过万亿元。随着物联网、人工智能等新技术的发展,以及新零售、智能制造等领域对物流业提出的更高要求,智慧物流市场规模将持续扩大。

智慧物流吸引了越来越多的非传统玩家。以图像识别起家的旷视科技大规模进军了物流业,并推出了河图机器人操作系统。目前,河图系统已在菜鸟旗下多个仓库内投入使用。

对于转型中的制造业来说,智慧物流技术不仅仅是运转的纽带。发展智慧物流需要的工业机器人、智能设备等,也将推动制造业新旧动能转换,成为带动制造业需求增长的主要动力之一。

以物流机器人为例,目前已形成了千亿元规模市场。快仓上线是国内较大的物流机器人提供商,合作过的智能机器人项目超200个,为一批技术人才提供了就业机会。

我国企业建立了领先优势

在语音助手经历了"双11"考验后,方美婷与同事们正在训练机器人识别方言,熟悉各地消费者的习惯。比如,成都市民喜欢把快递放在自提柜,广东人习惯给快递员小费,语音助手需要作出恰当反馈;刷脸取件在全国普及之后,孙平吉还在尝试结合刷脸和物流场景,打造刷脸寄件等后续产品;王飞飞和同事们只靠一部手机,就可以管理整个园区,保障700台机器人同时作业。

"在智慧物流方面,中国与美、日等发达国家已处在同一起跑线上。中国物流市场场景更多元化,应用规模更大,频次也更高,因此中国企业在仓储机器人、无人驾驶、无人机、大数据等方面初步建立了领先优势。"中国物流学会特约研究员杨达卿表示,出现这个变化,市场需求是主因。"中国物流市场70%左右是中小企业,传统物流企业已经处在成本的临界点,很难再从传统物流模式和设备设施上创造利润或降低成本了。但是,应用智能化技术可让物流企业效率更高,更深入地降低物流成本。"

目前,由于中国区域经济发展不平衡,以及市场资源的分散性、劳动就业问题等,使得中小物流企业占多数的行业生态有长期存在的客观性和合理性。

近年来,包括阿里、腾讯等互联网企业直接或间接进入物流市场后,打造了菜鸟网络这样的超级互联网生态平台。他们通过数字技术对一些区域中小物流企业就地升级,把人、车、货、场数字化,以数字流导流物流服务,从而有利于更高效、快速地改变中国物流市场。同时,互联网巨头也让中国物流市场竞争从传统劳动密集型切换到依靠技术驱动和资本杠杆、创新商业模式的新赛道上。

随着技术进步,快递业再也不仅仅是过去简单地搬货送货,而是向高度自动化、智能化智慧物流转型。在无人物流园、智能仓库的快速普及应用之下,一大批新职业随之诞生。同时,智慧物流也给转型中的制造业提供了市场,预计到2025年市场规模将超万亿元。

一、智慧物流的概念

中国物联网校企联盟认为,智慧物流是利用集成智能化技术,使物流系统具有思维、感知、学习、推理判断和自行解决物流中某些问题的能力。即在流通过程中获取信息从而分析信息做出决策,使商品从源头开始被实施跟踪与管理,实现信息流快于实物流。可通过RFID、传感器、移动通信技术等让配送货物自动化、信息化和网络化。智慧物流技术及支撑技术示意图见图1-2。

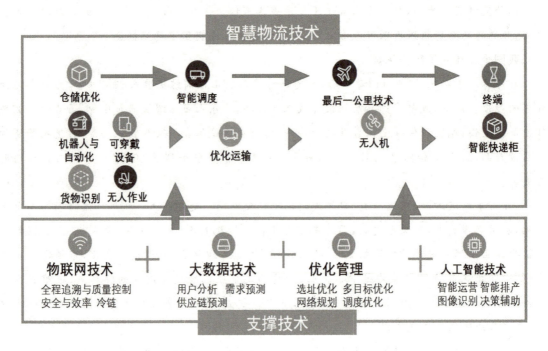

图1-2 智慧物流技术及支撑技术示意图

二、智慧物流的特点

智慧物流的特点可以从三个维度看(图1-3)。

从运作形态来看,智慧物流主要具备三大特点:一是信息交互。所有的物流服务都需要实现数据关联和信息互通,以大量的物流数据资源来优化物流决策和业务执行,为整个物流的数据生态服务体系赋予可能。二是推进业务协同。物流服务领域是一个跨企业、跨行业、跨组织的广泛领域,迫切需要深度交叉、相互协同,促进物流产业生态体系共生共荣。三是智能决策。通过机器学习、智能算法的有机融合,推动物流管理系统的程控化和信息自动化的发展;通过大数据分析、云计算与人工智能等技术,共同构建物流"大脑",在感知中决策,在执行中学习,在研究中学习,在学习中进步。

从服务模式来看,智慧物流应具备四个特点:一是柔性化。能够按照消费者要求的多样化来灵活调整生产工艺,提供可靠、特殊、增值的服务。二是社会化。随着我国物流基础设施走向国际化,物流活动不再局限于单一企业、地区或国家。为了实现商品和货物之间国际化的流动与交换,需要建立一个社会化的智慧物流体系。三是一体化。以物流管理系统为基础和核心,将物流运输、储藏、包装、装卸等各个环节综合起来构建一体化的物流服务系统,向广大客户提供低价而优质的物流服务。四是智能化。智慧物流不再局限于仓储库存决策、运输方式选择、自动追溯与控制、自动分拣与运行等,它将被人们赋予更多新的功能。

从技术应用来看,智慧物流的特点主要表现在三个方面:一是仓储配送。通过新型信息技术和传感器技术,借助物联网实现信息交互,实现对货物仓储、配送等各个流程的有效管理,从而大大降低成本、增加效益。二是物流供给链。借助现代信息数据技术及完善的配送服务网络,构建了一个面向供应链上下游各个环节的社会化共享配送服务体系。三是物流大系统。物流自动化、可视化、智能化、系统化、网络化、电子化等相关技术成果均应用于物流系统中。

图 1-3 智慧物流的特点

智慧物流给我们的生活带来了哪些改变?将小组讨论的结果填写在下列横线处。

_____
_____
_____

第二节 智慧物流模式与架构

中国物流发展的历程

1949—1978 年:计划物流时代。所有物资按政府计划分配流动,按时按量根据各地计划需求运输。以货车、火车和货船为主要运输工具,物流信息以五联单据记录,主要计算工具为算盘及早期计算机。

1978—2001 年:物流现代化萌芽期。1978 年以后,我国实行"搞活企业、搞活流通、培育市场"的一系列改革,逐步确立社会主义市场经济体系,扩大物流外包,改善物流管理,外资物流进入带来先进物流技术和模式,民营物流企业开始大量地涌现并加速成长,国有物流企业向现代物流企业转型发展。物流新模式涌现,末端配送中心出现,专业化的第三方物流配送诞生。物流技术逐步发展,多层仓库和立体仓库、电力叉车、堆垛机、传送带等设施和工具,仓储管理系统(WMS)、运输管理系统(TMS)、条码技术、全球定位系统(GPS)及无线射频识别(RFID)等先进技术快速应用。

2001—2012年:物流综合化发展期。2001年,国家经济贸易委员会等六部委联合印发我国物流领域的第一个专题文件《关于加快我国现代物流发展的若干意见》,现代物流受到高度重视。随着淘宝、京东等电商平台出现,电商物流快速发展,顺丰、"四通一达"等快递企业纷纷成立。自动化作业、电子面单、自动化立体仓库、保税园区等新的物流作业形式和设施投入应用,供应链管理和供应链金融推动单纯物流运输向产品资源整合供应转变。

2012年至今:物流新型化转型期。2014年,国务院发布《物流业发展中长期规划(2014—2020年)》,把物流业的产业地位提升到基础性、战略性高度,"互联网+"高效物流列入"互联网+"重点行动之一。物联网、大数据、云计算、人工智能等在物流领域广泛应用,无人仓、无人车、无人机、物流机器人、云仓等先进设施工具诞生,无车承运、挂车承运为物流发展新模式打开局面,物联网、区块链等前瞻技术在物流领域逐步渗透。京东物流的全流程无人仓已规模化投入使用,顺丰大型无人机基于业务场景的首次载货飞行已取得成功,菜鸟网络在雄安新区建设"智慧物流未来中心",圆通速递获批筹建物流信息互通共享技术及应用国家工程实验室。

物流是支撑国民经济和社会发展的基础性、先导性和战略性行业,对国家生产和人民生活具有重大的影响和意义。1949年以来,我国物流业经历了计划物流、现代化萌芽、综合化发展、新型化转型等阶段,在不断探索中推进物流技术、物流管理、物流效率的提升。中国物流整体保持着稳定增长的态势,2000年以来货运总量年均增长14%,单位成本逐步下降,基础设施逐步完善,技术水平逐步提升。中国物流业发展潜力巨大,未来将形成万亿元级的市场。

"加快构建以国内大循环为主体、国内国际双循环相互促进的新发展格局"是"十四五"规划对我国经济发展路径做出的重大决策,对我国的流通体系和物流发展提出了新要求。中国物流业在抢抓物流市场发展机遇、完善现代流通体系、培育壮大龙头企业方面需加大力度。国家政策利好、新一代物流技术发展、区域发展等为物流信息化、协同化、一体化开创了更多新局面。

任务实施

一、智慧物流的模式

智慧物流发展模式按照其服务的产品,可以分为消费品智慧物流和生产智慧物流。

1. 消费品智慧物流

消费品智慧物流的主要目的是提升服务体验和满足客户期望。通过整合商流、信息流、资金流、数据流，打通最后一千米的物流服务环节，并有效集成网点、转运、干线、末端、人员等多维度的大量数据，针对消费品运输各个环节的数据进行全链路的物流整合，形成有效的数据驱动与协同，从而为人们日常生活提供高效便捷的现代化物流和服务。其基本路径主要有：

（1）根据供应链上下游各个环节的需求场景、政府监管场景等不同场景需求，通过资源集成化、业务平台化、技术智能化和供应链一体化，结合云计算、人工智能、区块链等技术手段搭建消费品交易平台。

（2）通过物流数据平台实现物流信息全流程、全场景的管理，利用技术手段建设物流产业集合消费品智慧物流群，进而促进社会物流资源的优化配置。统一汇总各类信息，搭建消费品物流服务平台，实现物流领域规模化的技术创新应用。

2. 生产智慧物流

生产智慧物流主要目标是建设一个基于智能化、协同一体化的生产资料智慧供应链平台，切实从其应用场景角度出发，为生产资料领域的货主企业、物流公司、物流园区、监督机构、金融组织等各方，提供一个线上线下全覆盖的智慧化解决方案，助力生产资料供应链各个环节信息智能化水平的提升，从而降本增效，提升各环节间的协同化，降低供应链整体风险。其基本路径主要有：

（1）智慧型物流公司。利用物流的纵向与横向发展，形成智慧型物流。首先，进行仓储、运输、流通加工、装卸搬运等环节的物流信息化建设，实现业务线上一体化。其次，通过企业资源整合与集成化、业务平台化、科技智能化和供应链的协同化，搭建信息服务平台。最后，建立平台生态圈，以满足不同市场需求。

（2）企业智慧物流。随着工业互联网的推行和新一代物联网的成熟，发展现代智慧物流已经是许多制造企业的共识，企业对于智慧物流主要采用"自建＋整合"和"独立自建"两种模式。

二、智慧物流系统构架

智慧物流系统的体系架构包含四层，如图1-4所示，最下层是感知层，往上是网络传输层，再上面一层是数据存储层，最上层是应用服务层。

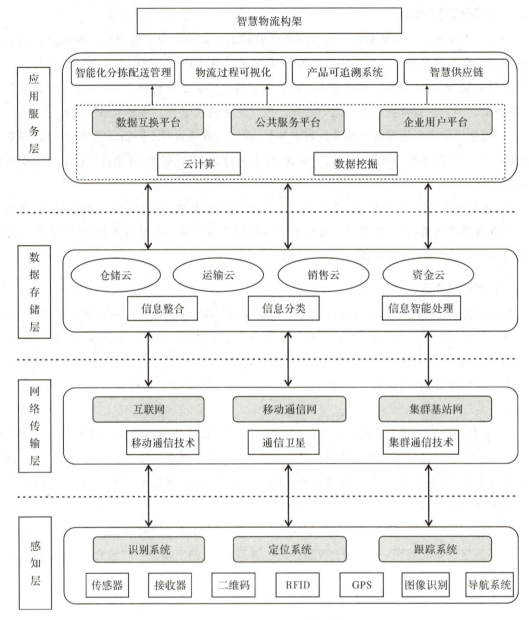

图1-4 智慧物流系统构架

1. 感知层

感知层包括识别系统、定位系统和跟踪系统。感知技术设备(RFID、条码枪、传感器等),结合GPS定位跟踪,实时、自动采集物流系统单元的信息,信息再按系统结构和运营逻辑进行处理,可实现对货物和其他对象的实时信息掌控。

2. 网络传输层

网络传输层利用各种传输网络和通信技术,及时、安全地传输感知设备所收集的信息。传输介质包括互联网、移动通信网、集群基站网等。

3. 数据存储层

数据存储层在应用层和网络传输层之间,对感知层获取的信息进行处理和管理。通过对信息的智能处理,可为各类对象(客户、管理人员、司机等)提供信息服务,常称"仓储云、运输云、资金云"等。

4. 应用服务层

应用服务层包括数据交换接口、公共服务平台和用户应用。直接为用户提供所需信息,为其决策提供数据支撑。使用者提供定制化服务,降低应用成本,并能提高处理效率。实现商品溯源、运单跟踪、智能化分拣配送、预测与预警等功能。智能决策系统能够给出科学决策,为配送路线提出优化建议,为企业、运输部门和政府部门等提供决策参考。

智慧物流的高级形态是人工智能与智能设备的深度应用和深度整合。无人车、无人机、无人商店等技术集成的成熟化,将极大改进现有物流运营模式。

人工智能

1. 演进历程

人工智能1.0:诞生和发展(1956—2016年)。1956年麦卡锡、明斯基等科学家在美国达特茅斯学院开会研讨首次提出"人工智能(AI)"概念,标志着人工智能的诞生。1970年以后,人工智能逐渐发展出机器定理证明、机器翻译、专家系统、博弈论、模式识别、机器学习、机器人和智能控制七大领域,并发展出符号学派、连接学派、行为学派等。

人工智能2.0:发展新阶段(2017年至今)。世界由两元空间逐渐向三元空间转变,在人类社会空间和物理世界空间之外正在形成一个新的信息空间,是人工智能走向2.0的根本原因。人工智能将向大数据智能、群体智能、跨媒体智能、人机互动增强智能、自主智能装备5个方向发展,推动智慧城市、智慧医疗、智能制造、智能农业等领域发展。

2. 应用前景

人工智能在某些特定领域已经取得了一定成绩,如"阿尔法狗"在围棋比赛中战胜人类冠军,波士顿动力机器狗上岗纽约警局;人工智能程序在大规模图像识别和人脸识别中达到了超越人类的水平,能够协助警方侦破案件;人工智能系统诊断皮肤癌达到专业医生水平,帮助实现癌症决策支持和慢性病管理。人工智能算法在物流分单过程中实现了精准匹配,将分单准确率提升至99.99%。

任务二　智慧运输

任务目标

(1) 掌握智慧公路运输的主要运输形式；
(2) 理解智慧公路运输的技术种类；
(3) 掌握智慧铁路运输的主要特征；
(4) 理解智慧铁路运输的关键技术及应用场合；
(5) 理解智慧水路运输的种类及技术特点；
(6) 掌握航空货运的运载方式；
(7) 理解智慧航空运输的关键技术。

任务描述

学习智慧公路、铁路、水路、航空运输的运输形式及特征，了解各种运输先进技术和多式联运的模式特点。

任务准备

(1) 调研物流公司的运输模式；
(2) 查找多式联运的种类特点。

第一节　智慧公路运输

智慧公路由试点示范转向全面布局

目前我国已有20余个省份、40余条线路开展基于车路协同智慧高速公路建设的工作。我国智慧公路发展经历了原型研究、技术验证、试点示范等阶段，正处于由试点示范转向全面布局的战略关口。

智慧公路是交通新基建的重要组成部分。2019年，全国首个高速不停车收费AI稽核项目在广东宣布正式落地；满足车路协同式自动驾驶等级的苏州绕城高速S17项目进入实质性实施阶段；山东首条新建智慧高速济潍高速公路项目将于今年10月通车……近年来，多地在加强高速公路基础设施建设过程中，不断推进智慧高速公路建设，助力我国智慧交通加快迈向新阶段。

经过多年探索，我国已初步明确了车路云一体化的路径，智慧公路体系架构日益清晰，发展理念、云内涵不断丰富，产业生态加速构建，推动行业形成共识，为凝聚发展合力提供了重要支撑。

这个案例告诉我们：

当前，全球新一轮科技革命和产业变革深入发展，数字经济、人工智能等新技术、新业态已经成为促进经济社会发展的新动能。推进人工智能、物联网、大数据等新一代信息技术与交通运输深度融合发展，是推动交通运输质量变革、效率变革、动力变革的新机遇、新挑战，也是加快建设交通强国的重要任务。

习近平总书记高度重视发展数字经济、智慧交通，在《求是》杂志发表署名文章强调"不断做强做优做大我国数字经济"，在第二届联合国全球可持续交通大会开幕式主旨讲话中指出"要大力发展智慧交通和智慧物流"。《交通强国建设纲要》《国家综合立体交通网规划纲要》《数字中国建设整体布局规划》对发展智慧交通、推进交通基础设施数字化、建设数字中国作出了明确部署。交通运输部党组多次进行研究部署，强调"大力发展智慧交通，为交通当好中国式现代化的开路先锋持续注入新动能"。

智慧公路运输是指依托现代网络化的货运场站体系进行集散货源，使用各种技术先进、结构合理、节能低排的载货车辆，以高效的通信信息为管理手段，结合建立一套安全科学有效的管理机制，通过高效的运输组织，实现货物安全、准确、快速运输的现代化公路运输管理机制和经济组织形态。

一、智慧公路运输的主要形式

1. 共同配送

共同配送（图1-5）是由多个企业或其他组织整合多个客户的货物需求后联合组织实施的配送方式。结合国内外城市共同配送发展情况与案例的研究经验，共同配送主要包括以下三种基本模式。第一种以商超的合作为主，利用众多连锁商店的优势来发挥其规模和市场效应，依托大型连锁卖场和中小型连锁零售门店之间共享的物流服务资源，借助大型连锁卖场的自营物流体系来实现统一化配送，提高了配送速度和效率。商超连锁企业从供应商处集中采购后，商品货物集中在区域总仓，后再将货物运输到商超连锁企业所在地原有或者共建的配送中心，再依照各个零售商对门店进行统一的配货。第二种模式就是以第三方物流为主导。不同类型的企业把配送的业务委托到专业的第三方物流企业，第三方物流企业会分建不同的行业、领域的专业配送中心,最终按照专业化的分类共同配送到有特定需求的企业或者门店。对于企业而言,将物流配送的业务全部委托给第三方物流,自身不必再投入大量资金购入重资产,可以为企业节约相当一部分的物流费用,且第三方物流的专业化水平程度高,能够为物流企业提供更优质的物流服务。同时,对第三方的物流企业而言,合作可以为企业带来长期且稳定的客户资源,进而通过整合客户信息获得进一步需求,实现统配,降低物流费用,但同时也对其业务方面的能力与专业化程度提出了要求。第三种则是更加侧重于城市或城乡末端快递配送环节的快递型企业,主要针对商业中心、生活社区、小中型门店等消费者小范围集中的末端区域,这也顺应了当前移动互联网大时代背景下的全民网购消费潮流需求。网点或配送企业通过公共仓储点分拣后,集中统一配送至社区、校园、商业楼等相对来说更为复杂的末端地带,实现了小区域范围的货物规模化配送经济。

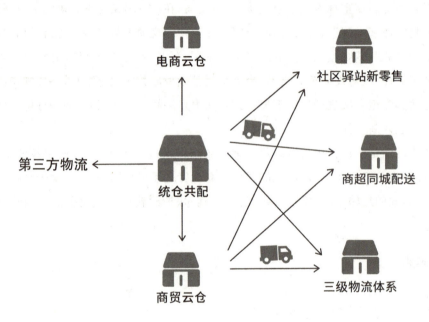

图 1-5 共同配送

随着国家优惠政策的深入推动、技术的变革演进和商务模式的创新升级,共同配送增加了更多的智慧元素,形成了更加多样化的智慧共享物流模式。通过对物流信息与线上资源、物流基础设施、物流配送资源、物流科学技术与设备网络资源等诸多资源的整合,推动物流系统主要的功能环节相互适应、耦合协调、相辅相成,并朝着成为一种物流操作流程高效智能化、物流数据资源优势共享化、物流体系功能完善、全面改革转型升级的新型物流操作管理模式不断发展。

2. 越库运输

越库运输(图 1-6)是物品在物流节点内不经过出入库等储存活动,直接从一个运输工具换载至其他运输工具的作业方式。越库(又称直通配送、直接转运等)是一种高效的综合性物流操作模式,能够将仓储和运输进行有效整合,减少供应链各环节(尤其是供货商或者分销店)的库存,将分散运输转化成为整车运输,从而降低运输成本,同时又能满足多品种、小批量、短周期的供货需求,有"物流领域的准时生产"之称。

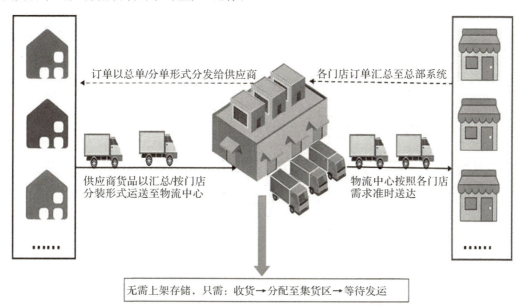

图1-6 越库运输

越库在其核心理念设计上就直接取消了公司配送服务中心的仓储功能,货物一旦成功到达公司配送中心就可以直接越过公司仓储业务管理这一环节,直接根据客户的配送要求配送到户。

3. 甩挂运输

甩挂运输是指直接使用一台带有较大驱动力的运输机械吊车连续驱动两台或以上的承载设备来进行运输的方式。甩挂运输将随主车拖带的承载装置(包括半挂车、全挂车甚至货车底盘上的货箱)甩留在目的地后,再拖带其他装满货物的装置返回原地或驶向新地点。甩挂运输是道路运输企业标准化、网络化的集中表现,对于有效降低道路运输成本、节能减排、提高管理效率等都具有重要意义。

就当前情况来看,物流运输企业开展甩挂运输的基本模式有四种(图1-7):一是"一线两点,两端甩挂"模式,适用于货运量大且稳定、装卸作业地点固定、运输线路为中短途的业务类型。二是"一线多点,沿途甩挂"模式,适宜于装(卸)货地点集中、卸(装)货地点分散、货源比较稳定的运输线路。三是"多线一点,循环拖挂"模式,适宜于发货点集中、卸货点分散,或卸货点集中、发货点分散的运输网络,主要特征是多条线路集中于一点,在该点集中进行装卸作业。四是"网络化甩挂"模式,特别适合于已具有成熟运输网络且网络中的货源条件稳定的公路快捷货运行业。

一线两点，两端甩挂

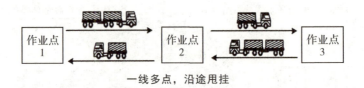

一线多点，沿途甩挂

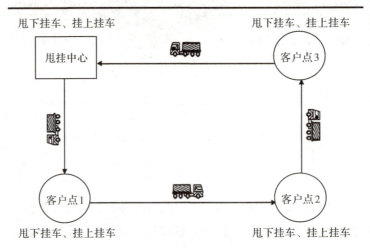

多线一点，循环甩挂

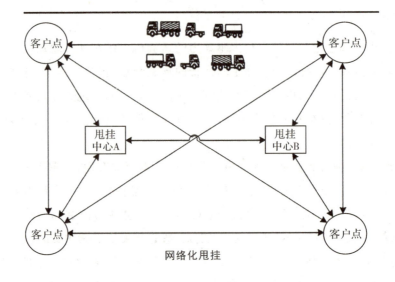

网络化甩挂

图1-7 甩挂运输

4. 网络货运

网络货运平台作为"互联网+物流"的创新模式,将传统物流行业与现代信息技术深度融合,让整个物流运输过程透明、高效,通过大数据分析、北斗导航、人工智能、边缘计算等先进技术助力传统物流的数字化、智能化转型。同时,网络货运可以帮助企业在车辆调度、运途监测、货物管理和税务合规等领域实现高效、规范、智能操作,促进物流业规范有序地发展。

网络货运平台发展至今正处于百家争鸣的时期,各个平台的商业模式及运营逻辑都各有千秋,可分为三种类型:控货型、开放型与服务型平台(图1-8)。

控货型平台的核心是牢牢掌握着货源或物流订单的分配权,平台自身很有可能即为货主方或货源供给方,为进一步优化自身的成本结构,需要寻求更多的运力资源,降低采购成本。

开放型平台对于货源与运力都缺乏强掌控力,属于市场完全竞争领域,更具开放性也更专注于货物与运力之间的高效匹配。

服务型平台的特点是业务的多线并行,商业模式与服务范围更加多元化,除传统的车货匹配服务外,还可提供软件(即服务(SaaS)平台技术支持)、金融、税务等多类型的增值服务,主要分为园区型、科技型与综合型三类。

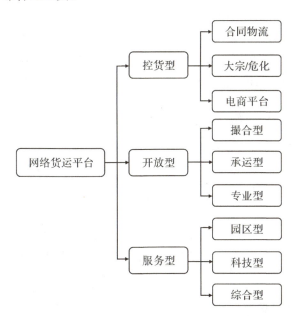

图1-8 各类型货运平台主要参与企业

未来,网络货运平台或将表现出服务综合化、多元化的趋势,通过与各环节供应商的全方位协作,提升可视化程度,进而提升平台的服务能力。同时,伴随着网络货运平台的发展,属地化管理将有所加强。

二、智慧公路运输关键技术

1. 智能算法

随着算力基础设施及人工智能算法的快速发展,知识图谱、深度学习等人工智能算法技术逐步应用于公路运输调度与公路货运定价当中。以某货运公司为例,其主营业务是为制造业提供专业的第三方物流服务,包括整体方案设计、仓储、运输、配送的一系列服务,服务领域为电器、食品、纺织等。由于产品种类繁多,供应商分布分散,运输配送难度较大。而合同物流通常采用招标形式,运价的测算与制订难度较大,人工测算或将导致亏损。因此公司积极应用智能技术优化定价测算模型,最终通过神经网络(GA-BP)模型实现了运价的快速计算与结果优化,获得了较大的经济效益。

2. 自动驾驶技术

自动驾驶技术目前在智慧公路运输中已有应用,如无人卡车(图1-9)。无人卡车是一种通过计算机和网络系统实现无人驾驶的新型智能卡车。在5G技术快速普及发展的今天,自动驾驶技术得以迅猛发展。自动驾驶车辆能够提高驾驶安全性,将人为因素的风险进一步降低,避免因驾驶员的失误而造成的交通事故,同时也可以减少酒后驾驶、恶意驾驶等行为的出现。此外,自动驾驶车辆可以通过其控制系统找到加速、减速、制动的最优方式,进而提高能源利用率,实现节能减排。但是,受目前科技水平的限制,智能系统难以超越人类的判断与认知水平,故而自动驾驶仍有较大的发展空间。

图1-9 无人驾驶电动集卡

3. 无人机运输技术

无人机运输技术是指通过无线电遥控装置和配套的程序控制设备来操纵无人驾驶低空飞行器将包裹运输到目的地的运输技术。其最大的优点是可以有效解决一些偏远地区配送中遇到的问题,提高了配送效率,同时也降低了人力成本。它的缺点主要表现在恶劣天气条件下,无人机或将无法完成送货任务,同时无法避免在飞行中被人为损害等。目前无人机在快递领域(图 1-10)应用较多。

图 1-10　无人机快递业务

4. 配送机器人

在丰富多样的应用机器人行业中,短途配送是重要的分支。配送机器人(图 1-11)具备智能感知(避让等)、路线规划等功能。随着技术的发展和产业链的逐渐完善,配送机器人得到快速发展。各大城市区域,如校园、社区、公园、工厂等都有无人配送车辆上线等。

图 1-11　配送机器人

5. 飞翼车

飞翼车(图1-12)是基于普通厢式货车的底盘改造而成的,能通过动力弹簧、手动装置或液压装置,开启车厢两侧翼板。该车顶部、前板后门结构同铁瓦楞厢式车,侧边由翻转板、上边板、下边板组成。车两翼侧板可升降、开启90°,使两侧部位完全敞开,极大提升货物装卸效率。主要用于汽车配件、纸张、家电、服装、化工产品及快消品的运输和配送。

图1-12 飞翼车

各小组去快递公司调研,本市公路运输的主要形式都包含什么?填写在下表处。

序号	快递公司	主要形式

第二节　智慧铁路运输

中老铁路运输货物突破 2000 万吨

中老铁路自 2021 年 12 月开通运营以来,全线累计发送货物突破 2000 万吨。其中,跨境货运量超 400 万吨,货值达 177 亿元。

据了解,中老铁路开通运营以来,发送货物品类日益丰富,从开通初期的 10 余种拓展到目前的 2000 余种。中国发运到老挝的货物主要是机械设备、家用电器、蔬菜、鲜花、机械配件等,覆盖老挝、泰国、越南、缅甸等多个"一带一路"共建国家;从老挝发运到中国的货物主要是金属矿石、木薯、薏米等,通达中国 25 个省(区、市),为沿线产业链、供应链的稳定畅通提供了有力支撑。

从上面的案例能看出:铁路是连接各大经济区域之间、城乡之间的大动脉,加快智慧铁路基础设施建设,有利于促进区域、城乡协调发展。在各种交通运输方式中,铁路在节约资源和保护环境方面具有明显的优势,加快发展铁路,对于建设资源节约型、环境友好型社会,促进国民经济可持续发展具有重要的意义。铁路运输关系人民群众生命财产安全和生活质量,加快推进智慧铁路现代化,才能在交通运输中充分体现我们党以人为本的价值追求,促进社会和谐。

智慧铁路运输在全面应用云计算、物联网、大数据、人工智能、机器人、5G、北斗卫星导航、建筑信息建模(BIM)等新技术的基础上,通过对铁路移动设备、固定基础设施及相关内外部环境信息的全面感知、泛在互联、融合处理、主动学习和科学决策,高效综合利用铁路所有设施、空间、时间和人力等资源,实现铁路运输全过程的高度信息化、自动化、智能化,打造更加安全可靠、经济高效、方便快捷、节能环保的新一代铁路运输系统。

一、智慧铁路运输主要特征

1. 全面感知
利用无线射频识别、传感器、定位器等技术随时随地进行信息采集,对铁路运输系统中的移动设备、固定设施、自然环境和其他相关要素等进行全方位的铁路信息采集监测和视觉感知。

2. 交互共享
通过信息网络对接收到的感知信息进行实时远程传送,实现信息的交互和共享,并进行各种有效处理。

3. 智能决策

充分利用时间、空间的多源、异构传感器数据资源，积累大量数据和知识，解决数据不一致、不完整的问题。利用机器学习等各种智能计算技术，对随时接收到的跨地域、跨行业、跨部门的海量数据和信息进行分析处理。从海量数据中提出决策信息，辅助运营管理和经营决策。

二、智慧铁路运输关键技术及应用

1. 智慧铁路运输系统

智慧铁路运输系统（图1-13）由智能感知层、智能传输层、数据资源层、智能决策层、智能应用层组成。

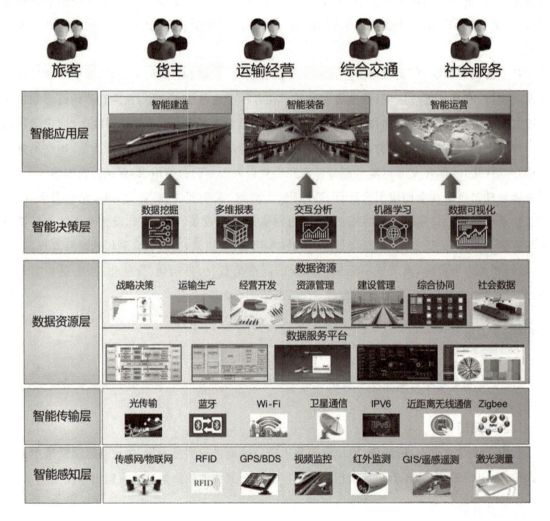

图1-13　智慧铁路运输系统总体架构

智能感知层的功能是识别物体、采集信息,即通过传感网、物联网等多种手段,自动获取铁路行车状态、设备健康状况、自然环境条件等信息,全方位了解整个铁路运输系统的运行情况,为上层的精细化管理提供支撑。作为构建智慧铁路的基础,智能感知层的采集方式多样化及泛在化是其重要特征。信息采集设备主要包括传感网、物联网、全球定位系统、综合视频、红外监测等。

智能传输层的功能是将感知层采集到的信息,通过各种网络技术进行汇集、整合,以供进一步智能分析及利用。广泛互联、可靠传递是对智能传输层的基本诉求,需要各种有线、无线网络与互联网融合。智能传输层采用的主要技术包括铁路信息网络的 IPV4/IPV6 技术、Wi-Fi 网络、3G/4G 网络等。

数据资源层的功能是通过对采集到的铁路内外部相关数据进行智能分析和处理,分析、识别出隐含的有意义的信息,从而对事物状态及发展趋势有更深刻的认识,为决策判断提供科学的依据。

智能决策层的功能是将数据资源层的各类数据,通过智能技术进行分析,将数据转化为知识,并快速准确地提供报表、仪表盘、3D 等可视化方式进行全局展示,辅助铁路业务经营决策。智能决策层采用的主要技术包括大数据技术、机器学习技术、交互学习技术、可视化技术等。

智能应用层的功能是对铁路运输系统进行控制、改造、优化,是智能化与铁路业务分工的深度融合,形成各业务领域的智能化子系统。基于智能决策层的分析结果,可提升运输组织效率、提高安全保障能力、推动业务模式创新。

2. 智慧铁路运输系统的应用

智慧铁路运输系统应用主要包括自主化列控系统、自主化高速铁路自动驾驶系统、智能列车运行调度集中系统、自主化计算机联锁系统、自主化城市轨道交通列控系统、编组站综合自动化系统、高速铁路地震监测预警系统、基于 BIM+GIS(地理信息系统)铁路工程管理平台、铁路集装箱站场装卸自动化远程智能控制系统等。

自主化列控系统即基于通信的列车控制系统(CBTC),旨在实现更高的安全性、更高的效率和成本优化来不断提高运营质量。

自主化高速铁路自动驾驶系统是保障高速列车安全运行、提高运输效率的核心安全装备,主要由计算机联锁(CBI)、列控中心(TCC)、无线闭塞中心(RBC)、临时限速服务器(TSRS)、自动防护设备(ATP)等组成(图 1-14)。

智能列车运行调度集中系统(CTC)(图 1-15)是整个铁路运输的中枢系统,是保障铁路安全、有序运行的基础。其目标是利用大数据、机器学习、物联网等智能技术构建一个信息泛在互联,具备智能决策、自主适应能力的智能化系统。CTC 由五个层面组成,自底向上可分为感知层、传输层、数据层、平台层及应用层,可以实现信息的采集、传输、处理、存储与使用。

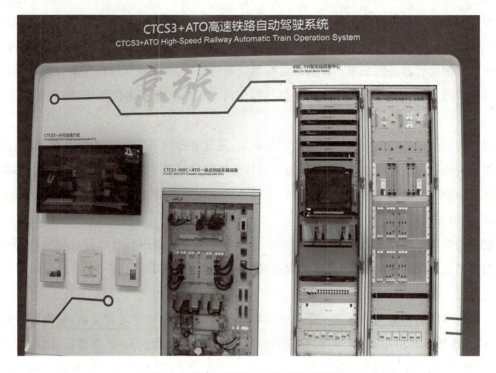

图 1-14 自主化高速铁路自动驾驶系统

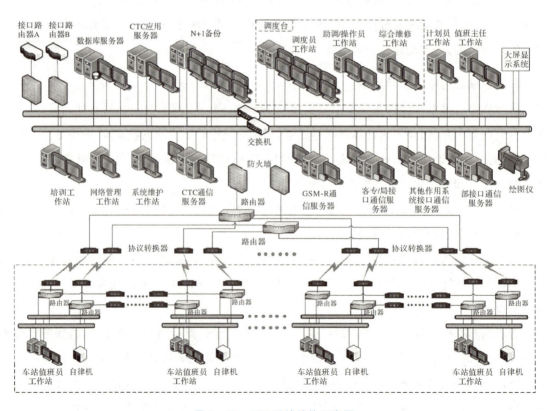

图 1-15 CTC 系统结构示意图

自主化计算机联锁系统(图1-16)是我国第一个自主研发成功的、采用二乘二取二安全冗余结构的高安全等级新一代计算机联锁系统。系统的I/O单元采用智能化、两重系比较和动、静态结合的故障安全设计,配合控制驱动电源的整体安全性防护设计直接驱动偏极继电器,可确保在多重故障和整体击穿情况下的系统安全。

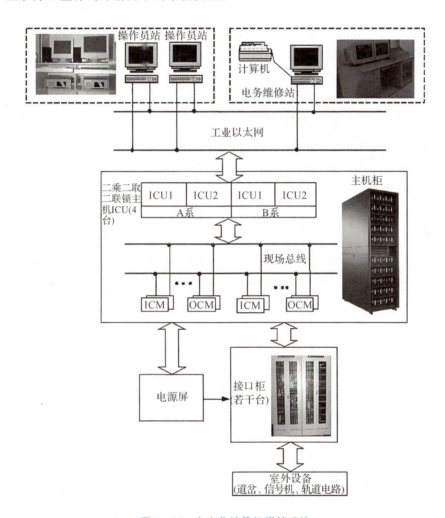

图1-16 自主化计算机联锁系统

编组站综合自动化系统(图1-17)是以信息集成为核心,利用电子计算机控制、监控、调度、管理编组站的各种行车、调车等作业并辅助相关决策的系统。该系统通过将应用多年的车站联锁、驼峰自动化、调机自动化、停车器控制等子系统创新整合,实现行车系统与计划系统的有机结合及数据层、决策层和执行层的统一管理,大幅提高了车站计划的兑现率和编组的改变能力。

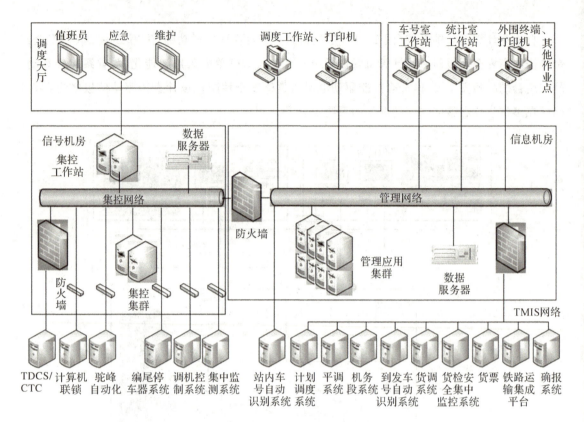

图1-17 编组站综合自动化系统结构图

高速铁路地震监测预警系统(图1-18)根据地震台站实时测定的地震动参数,以及由地震初至信息快速估算得到的地震基本参数,进而确定地震影响范围及警报等级。在破坏性地震波到达之前,向地震影响范围内的本地及异地铁路发送地震紧急处置信息,联动触发相关系统对运行的列车采取有效的紧急处置措施。在对预警信息真实性进行判别后,可通过自动发布或人工操作进行地震警报解除。

基于BIM+GIS铁路工程管理平台:通过微服务模式建立整体架构,围绕"标准流程+三维场景"这一思路开展设计,将每项业务功能独立剥离出来,从而得到对于铁路项目全过程工程管理的通用服务模块。这一模式与传统架构有着明显区别,具有高并发、高可用性、自由伸缩、负载均衡和故障转移等优势。

铁路集装箱站场装卸自动化远程智能控制系统:使用门吊大小车与集卡定位、铁路车辆信息采集等智能控制功能,将找箱、吊箱、落箱等作业流程智能化与自动化,提升效率与准确率。这一技术的应用有助于提高铁路站场自动化、作业效率及安全管理水平,减轻作业人员劳动强度,降低作业成本,提升安全保障。

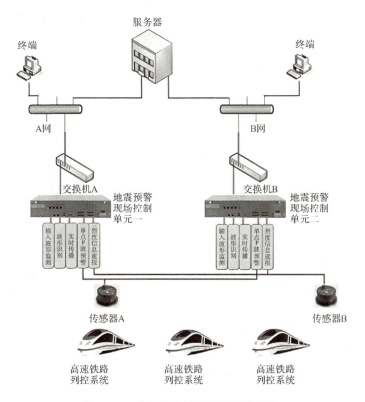

图 1-18　高速铁路地震监测预警系统

各小组查找视频资料,了解在实际工作中,智慧铁路运输系统是怎么应用的。

第三节　智慧水路运输

"黄金水道"绘盛景　长江航运高质量发展动力强劲

初秋时节,长江武汉段水域江面上船只往来穿梭。被誉为"长江复兴号"的"汉海 5 号"轮船满载货物,从湖北武汉阳逻港出发,驶向上海洋山港。

"汉海 5 号"称得上是长江"巨无霸":可装载 1140 个标准集装箱,最大载重量约为 16 800 吨。别只看到表面的船型变大、肚量能装,它带来的是水运效益的大幅提升和运输成本的大幅下降。"汉海 5 号"可为武汉与日本、韩国之间的货物节省约 50% 的运输时间,节省约 20% 的运输成本。

多年来,随着长江航运管理部门与沿江省市合作机制深入推进,上下联动、全国一盘棋思想基本形成。沿江省市依托长江"黄金水道",加强基础设施互联互通,多式联运立体交通优势日益凸显,形成对长江"大动脉"的多点支撑,长江全流域"黄金水道"打造加速推进。

2019年,长江"沪渝直达快线"开行后,从长江上游的重庆果园港抵达上海港只需8天左右,航行时间比过去缩短至少三分之一。在果园港,长江"黄金水道"、中欧班列(渝新欧)、西部陆海新通道、"渝满俄"班列四大国际物流通道无缝贯通。

2022年6月,长江下游南京至上海沿江海铁班列"天天班"实现常态化运营,长江中游至宁波舟山特定航线江海直达船队规模持续增大。

大江无言却活力四射。纵览万里长江,随着上、中、下游经济全面腾飞,重庆、武汉、上海三大航运中心和南京区域性航运物流中心服务功能不断拓展,陆海联动,东西互济,百舸争流,铁龙驰骋,长江经济带成为畅通国内国际双循环"主动脉"的态势正日益凸显。

从上面的案例能看到,长江,不仅是中华民族的母亲河,更是水上运输"大动脉"。全流域打造成"黄金水道",推动长江经济带高质量发展,使长江经济带成为我国畅通国内国际双循环的"主动脉"……新时代,长江航运正持续迸发着澎湃动力。

智慧水路运输也被称为智慧航运,作为航运各要素与当代信息数据技术深度融合后诞生的新型业态,主要包括智能船舶运输、智慧港口运输、智慧航道及支撑系统等。

一、智能船舶运输

智能船舶运输是指利用各类传感设备、通信设备、互联网等技术手段,自动感知并获得船舶自身、海洋环境、岸基信息等各方面数据,同时基于计算机技术、自动控制技术、大数据处理技术、智能分析技术,在船舶航行、管理、养护、货物运输等方面实现智能化运行,以使船舶更加安全、环保、经济和高效。中国船级社组织编制并于2020年3月1日正式生效的《智能船舶规范》将智能船舶划分智能航行、智能船体、智能机舱、智能能效管理、智能货物管理、智能集成平台、运程控制船舶与自主操作船舶八大功能模块,从感知、分析、评估、诊断、预测、决策支持、自主响应实施等多个维度提出了相应的要求。当前,智能船舶的关键技术主要集中在信息感知、通信导航、能效控制等七个方面。

1. 信息感知技术

船舶信息感知是指船舶能够基于各种传感设备、传感网络和信息处理设备,获取船舶自身和环境信息,包括船舶航速、航向、时空位置等,使船舶航行能够更安全、可靠的一种技术手段。目前,常用的船舶信息感知技术手段有雷达、船舶自动识别系统(AIS)、全球定位系统、闭路电视系统等。

2. 通信导航技术

通信导航技术是综合运用各种技术手段来实现船舶上各系统设备、船舶与岸站、船舶与航标之间的信息交互,从而通过航位推算、无线电信号、惯性解算、地图匹配、卫星定位等多方式组合以确定运载体的动态状态和位置等参数的综合技术。

3. 能效控制技术

能效控制技术也称船舶能效管理控制计划,是通过对能效指标进行分析和汇总整理,改善船舶能效管理(航线设计、航速、船舶浮态、动力设备)和人员培训等技术措施,最终实现减排提效的技术手段。

4. 航线规划技术

航线规划技术是指船舶根据航行水域交通流控制信息、前方航道船舶密度情况、公司船期信息、航道水流分布信息、航道航行难易信息,智能实时选择船舶在航道内的位置和航道,优化航线,实现安全高效、绿色环保航行过程的技术。目前常用的航线规划方法包括线性规划方法、混合整数规划模型、遗传算法、模拟退火、粒子群优化算法等。

5. 状态监测与故障诊断技术

状态监测技术是一种设备运行状态预报技术。通过了解设备的健康状况,判断设备是处于稳定状态或正在恶化。故障诊断技术是指在船舶机械设备运行中或基本不拆卸设备的情况下,判断被诊断对象的状态是否处于异常状态或故障状态,并判断劣化状态发生的部位或零部件,以及故障原因,并预测状态劣化的发展趋势等的技术。

6. 遇险预警救助技术

遇险预警救助技术是指船舶在遭遇恶劣海况、天气或其他特殊情况时能够对船舶航行姿态进行实时监测和预警,并能在船舶发生倾覆等突发情况时自动向监控中心或周围船舶发出求救信号,指引搜救人员前往遇难遇险船舶开展救助的技术。

7. 智能航行技术

智能航行技术是指利用计算机技术、控制技术等对感知和获得的信息进行分析和处理,对船舶航路和航速进行设计和优化的技术。借助岸基支持中心,船舶能在开阔水域、狭窄水道、复杂环境条件下自动避碰,实现智能航行(图 1-19)。总体来看,船舶智能航行仍处于起步阶段,远程遥控和智能航行仅在小型渡轮、拖轮、试验船、训练船上开展了应用探索与功能测试。

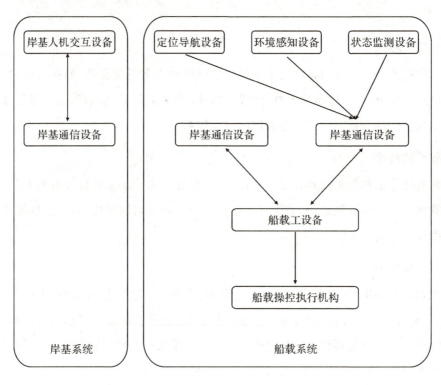

图 1-19 船舶智能航行系统

二、智能港口运输

智慧港口是以现代化基础设施设备为基础，以云计算、大数据、物联网、移动互联网、智能控制等新一代信息技术与港口运输业务深度融合为核心，以港口运输组织服务创新为动力，以完善的体制机制、法规政策为保障，能够在更高层面上实现港口资源优化配置，满足多层次、敏捷化、高品质港口运输服务要求的，具有生产智能、管理智慧、服务柔性、保障有力等鲜明特征的现代港口运输新业态。

智慧港口的基本特征包括港口基础设施与装备的现代化、新一代信息技术与港口业务的深度融合化、港口生产运营的智能自动化、港口运营组织的协同一体化、港口运输服务的敏捷柔性化、港口管理决策的客观智慧化(图 1-20)。

图 1-20 港口调度管理系统

三、智能航道及支撑系统

智慧航道以数字航道为基础,通过智能传感器、物联网、自动控制、人工智能等技术,自动采集航道系统数据信息,利用数据处理技术,动态更新航道相关信息,实现航道规划科学化、建养智能化、管理现代化,为航运企业运输决策、船舶航行安全、海事监管、政府水上应急等提供全方位、实时、精确、便捷的服务。

智慧航道的关键技术包括智慧航运系统、遥测遥控技术、多功能电子航道图系统、航道信息智能处理技术等。

1. 智慧航运系统

智慧航运系统(图 1-21)是能够提供一系列动静态信息数据一体化服务的应用系统,包括指向通航船舶、船舶动态监控中心、船舶交通服务中心、水上应急指挥中心、电子航道图系统、航标遥测遥控系统等。该系统实时采集航运过程中的相关信息数据并进行分析。同时,对航运系统中各个运营主体之间的信息可实现高效实时的交换。基于云计算、大数据分析等技术手段,能够实现提效降本,提升安全性,降低风险系数。另外,通过智能航运系统的数据、决策、风险评估等服务,能够优化人员结构,提高效率,降低运营成本。

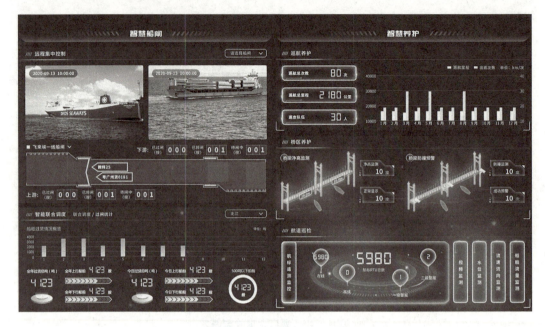

图 1-21 智慧航运系统

2. 遥测遥控技术

遥测遥控技术（图 1-22）是指利用遥测技术实现远距离测量、控制和监视的技术。在遥测遥控系统中，测量装置和执行机构设置在受控对象附近，受控对象参量的测量值通过遥测信道发向远距离的测控站，而测控站的控制指令也通过遥测信道发向执行机构。

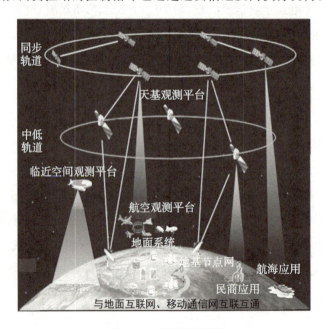

图 1-22 遥测遥控技术

3. 多功能电子航道图系统

多功能电子航道图系统（图1-23）由电子航道图生成系统、电子航道图发布系统和电子航道图应用系统等构成。其中，电子航道图生成系统包含电子航道数据库、测量数据处理、电子航道图编辑、电子航道图出版等系统。电子航道图发布系统则包括各区域航道局对内、对外发布网站及长江航道局对内、对外发布网站。电子航道图应用系统包括船舶导航、长江引航、船舶动态监控、船舶交通管理、水上应急救助指挥、水上污染监控等专用电子航道图应用系统。

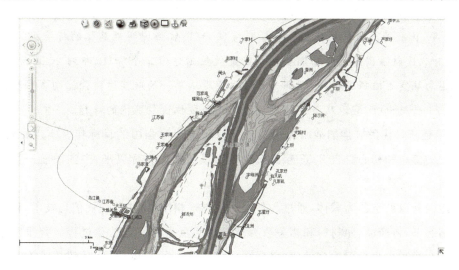

图1-23 电子航道图

4. 航道信息智能处理技术

航道信息智能处理技术包括雷达图像量化及处理技术、雷达移动目标跟踪技术、船舶自动识别系统辅助交管技术、交通指挥辅助决策技术等。其中，雷达图像量化及处理技术包括雷达视频图像量化（转换成数字图像）、杂波处理（去除杂波）、陆地掩模（屏蔽陆地回波）、数字图像压缩等技术。雷达移动目标跟踪技术包括假回波去除、移动目标识别、雷达链重叠覆盖区的连续跟踪等技术。船舶自动识别系统辅助交管技术是利用船舶自动识别系统基站接收的信息与雷达数字图像信息配合进行目标识别和跟踪的技术。交通指挥辅助决策技术是根据掌握的船舶交通动态，自动判断紧迫局面或碰撞危险，推荐避碰方案和最佳航路的技术。

第四节　智慧航空运输

我国基本实现单一航空运输强国目标

从2005年始,中国民航运输总周转量位列世界第二,标志着我国成为名副其实的航空运输大国;2017年,民航局提出民航强国八个基本特征,为民航强国明确具体的标准;2018年,民航局出台《新时代民航强国建设行动纲要》,划定民航强国建设三个阶段,即到2020年,加快从航空运输大国向航空运输强国的跨越;到2035年,实现从单一的航空运输强国向多领域民航强国的跨越;到21世纪中叶,实现从多领域民航强国向全方位民航强国的跨越。

2020年是新时代民航强国战略加快实现单一航空运输强国的目标年。实现民航强国,是中国民航人的梦想和初心。自2002年民航局提出民航强国目标以来,中国民航一直朝着这一目标努力前行。

航空运输是以航空器为载体,通过与各类运输方式相结合,使用现代信息技术,将供给者和需求者联结起来,将产品、原材料和相关数据信息从起点送到终点的全过程。智慧航空运输主要特征有以市场需求为牵引的多元化、以成本效率为目标的一体化、以运载技术为基础的专业化、以"云大物智移"为核心的智慧化、以用户体验为要求的便捷化。

一、航空货物运载方式

1. 机腹运输

客机多以圆柱形的造型主,客机上层主要供给旅客乘坐,下层则用于放置旅客行李,在这样的安排下,下层通常都留有不少的可利用空间,而不同机型的货舱容积从几十立方米到200立方米不等。通常情况下,大型客机的前舱装板,后舱装箱,前舱的板也可以换箱,散舱位于飞机尾部(图1-24)。

2. 全货运飞机运输

全货运飞机专为装载和运输货物设计,主要通过包机或定期航班的形式承接业务,简称全货机(图1-25)。运输市场上的全货运飞机主要以波音系列货机为主。全货机一般在货舱底部设置滚轴及固定系统,特制的集装板和集装箱可以在货舱内的地板上滑动或者锁定。很多民用货机由旧的客机改装而成:将客舱内的座椅、装饰和生活服务设施拆卸,对地板进行加强以提高地板的承压能力(图1-26)。

全货机的货舱一般设置较大的货舱门以方便货物进出,货门的高度大多在2米以上,宽度超过3米。货机还往往装配有起重吊车,以便装卸货物。

图1-24 机腹运输

图1-25 全货运飞机

图 1-26　全货运飞机内部

二、智慧航空运输关键技术

1. 基于无线射频识别的行李处理技术

飞机乘客随机托运的行李上粘贴的射频识别标签(图 1-27)中记录着旅客的个人信息、出发港、到达港、航班号、停机位、起飞时间等信息。在分拣、装机、行李提取处安装电子标读写设备,通过集成航空行李处理技术,当行李通过各个节点的时候,标签读写器会读取这些信息,并上传到数据库,从而实现行李信息在运输全流程的共享和监控,实现高效、有序的行李分拣、定位、控制及跟踪,提升航空公司的服务质量(图 1-28)。

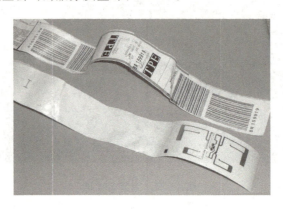

图 1-27　射频识别标签

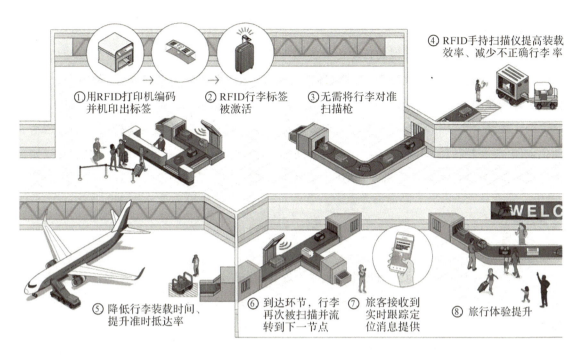

图 1-28　基于无线射频识别的行李处理技术

2. 机器人智能集装系统

机器人智能集装系统（图 1-29）是一套将始发托运行李从行李处理系统装卸至行李车上的智能设备，用来替代现有的地勤装卸岗位，降低人工成本。系统设备由多轴机器人、夹具、体积位置传感器、标签读码器、输送设备组合及机器视觉算法等部分组成。

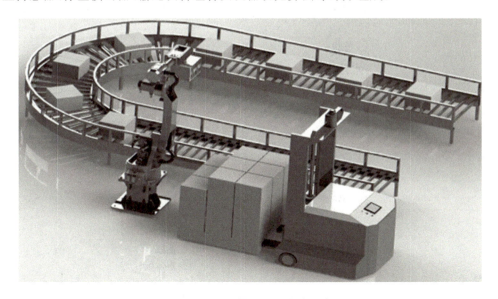

图 1-29　机器人智能集装系统

3. 集装存储系统

集装存储系统是一种典型的自动化物料输送控制系统,主要用来处理行李集装箱的装卸、搬运和存储。系统采用现代物流、自动仓储系统(AS/RS)和机场装备自动化、物流网、智能与信息化等控制技术,通过控制集装箱的移动把集装箱行李从起始点(入口)输送到正确的目的地(出口)。机场对集装箱系统的主要功能需求包括实现满载和空载的集装箱转运的部分或全自动化,提升集装箱转运(装卸、搬运和运输)的处理效率;实现行李集装箱的装卸、搬运和运输的全过程跟踪,减少行李装载差错率,提升运输服务质量。

多式联运

多式联运是指两种及以上的运输方式相互连接、转运,共同完成运输任务的过程,能大大提高物流效率并且降低成本。通过将海运、空运、陆运的优点相结合,弥补了单一运输的各种缺点。

目前市场上有五种不同运输模式,陆运、海运、空运、铁运、管道运输作两两结合,可以得到十种多式联运运输方式(图1-30)。目前,市场中常见的为海陆联运、陆空联运、公铁联运、海铁联运、陆运+管道、海运+管道六种运输模式;其中,主流的方式为公铁联运、公水联运,其余四种运输方式因为特点相冲或是无法达成,所以市场并未推行。

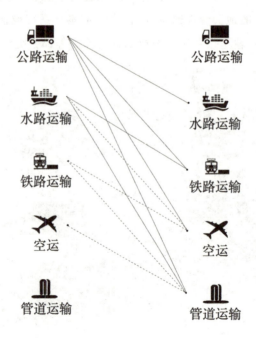

图1-30 多式联运模式分类

国际多式联运是采用两种或两种以上不同运输方式进行联运的运输组织形式。

这里所指的至少两种运输方式可以是：海陆、陆空、海空等。这与一般的海海、陆陆、空空等形式的联运有着本质的区别。后者虽也是联运，但仍是同一种运输工具之间的运输方式。众所周知，各种运输方式均有自身的优点与不足。一般来说，水路运输具有运量大，成本低的优点；公路运输则具有机动灵活，便于实现货物门到门运输的特点；铁路运输的主要优点是不受气候影响，可深入内陆和横贯内陆实现货物长距离的准时运输；而航空运输的主要优点是可实现货物的快速运输。由于国际多式联运严格规定必须采用两种和两种以上的运输方式进行联运，因此这种运输组织形式可综合利用各种运输方式的优点，充分体现社会化大生产大交通的特点。

2023年9月，市场监管总局（国家标准委）批准发布《多式联运货物分类与代码》(GB/T 42820—2023)和《多式联运运载单元标识》(GB/T 42933—2023)两项国家标准，为进一步提升综合运输效率、降低社会物流成本奠定基础。本次发布的《多式联运货物分类与代码》国家标准统一了多式联运货物的分类原则和方法、代码结构和编码方法，给出了19个大类、116个中类的货物分类与代码。《多式联运运载单元标识》国家标准统一了多式联运运载单元的标识及标记要求，确保运载单元标识的唯一性。

大力发展多式联运，是实现交通强国战略、发展综合交通运输体系的重要支撑，是推进运输结构调整、促进物流业降本增效的重要举措，是引领国际物流通道建设、推动国际贸易便利化的基础工程。

想一想

结合以上学过的智慧运输的各种模式，请同学们想一想，智慧联运都会用到什么技术呢？都是如何实现的呢？请各小组讨论，并将结果填写在下面。

_____

_____

任务三　智慧仓储

任务目标

(1) 掌握智慧仓储的概念及特征；

(2) 掌握智慧仓储的功能；

(3) 理解智慧仓储的关键技术应用。

任务描述

通过智慧仓储概念特征讲解,掌握智慧仓储的特点及各类货架的样式,能在今后的工作中分清各类货架并知道其应用场合。

任务准备

(1)智慧仓储的相关视频;
(2)智慧仓储中涉及的各类货架及设备的图片、视频。

第一节 初识智慧仓储

任务导读

国内首个 5G 智慧仓储落地苏州

国内首个端到端 5G 智慧仓储解决方案在苏州昆山发布。发布会上,集成 5G 工业模组的移动机器人(AGV)和工业网关产品正式亮相(图 1-31),标志着苏州 5G 与工业互联网融合应用又向前迈进了一大步。

图 1-31 集成 5G 工业模组的移动机器人(AGV)

"本次发布的智慧仓储解决方案是5G+智慧仓储领域的一次突破,是5G赋能工业场景的创新样本,对于仓储行业的数字化转型具有标杆意义。"苏州移动总经理李宝祥表示,智慧仓储解决方案主要聚焦物流多仓AGV密集作业、多AGV协同及5G机器视觉三大应用场景,填补了国内AGV领域多项空白。目前,多方联合打造的智能仓储AGV及工业网关产品已经投产下线,并完成了端到端基于5G的业务验证。

在物流多仓AGV密集作业场景下,以往Wi-Fi并发连接200台AGV,平均每天要停机10次,每次恢复约耗时2分钟。利用5G模组+5G专网实现AGV在智能仓储和物料配送中的应用,解决了传统AGV采用Wi-Fi网络控制存在的信号干扰大、稳定性差及覆盖不足的弊端,AGV不停机,作业效率得到了提升。

据介绍,5G专网低时延的特性有助于实现多AGV协同工作,可以极大地降低开发和采购大类型AGV的成本。同时,采用5G专网+云端机器视觉系统进行定位和导航,可大幅提升AGV在工厂中的部署时效性。经测试,5G环境下的智慧仓储比非5G环境下提升了30%~50%的工作效率。

伴随着数字技术的迅猛发展,人工智能、大数据、物联网、机器人等技术在仓储的诸多场景实现落地应用,促进了企业与行业的降本、提效、增能。在数字化浪潮的推动下,也迎来了智慧化的发展新阶段。

传统仓储管理中由于数据的产生与处理方式往往以人为主,如人工录入、人工点验等。人工仓储作业的方式效率低下,差错率高,无法快速响应用户需求。随着机器人、人工智能、物联网等数字技术应用比例越来越高,智慧仓储呈现出极为不同的面貌——可穿戴装置、射频识别(RFID)、智能传感器等物联网装备及大数据平台、机器人等智能系统广泛应用于物流仓储的拣货、搬运、管理等环节,数据的产生、流通与处理实现了自动化。仓储信息实现了快速生成、自动识别及智能处理,全面提高了货物出入库、盘库、移库环节的效率与仓储资源协调能力,显著降低了管理成本。

一、智慧仓储概念与特征

智慧仓储(图1-32)是仓储管理发展的高级阶段,是智慧物流的重要节点。仓储数据通过物联网、自动化设备、仓库管理系统(WMS)、仓储控制系统(WCS),实现对数据的提取、运算、分析、优化、决策,从而达到对仓储系统的智慧管理、计划与控制。

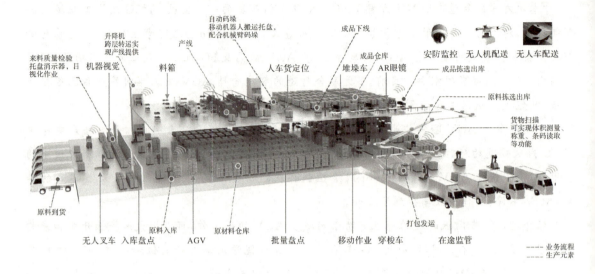

图 1-32 移动智能仓

总的来看,智慧仓储具有操作数字化、储运自动化、决策智慧化三个特征。

1. 仓储操作数字化

仓储操作数字化在仓储管理业务流程再造基础上,利用射频识别设备、可穿戴辅助设备、手持智能设备等智能传感系统、网络通信技术、数据管理系统等软硬件结合实现各个库存管理业务环节上数据的自动抓取、识别与处理,从而实现仓储物理世界的数字化映射,实现数据及信息流动的自动化,进而降低仓储成本,提高仓储效率,提升仓储智慧管理能力(图 1-33)。

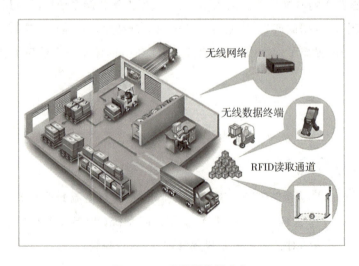

图 1-33 仓储操作数字化

2. 仓储运行自动化

仓储运行自动化主要是指仓储运行的物理部分自动化,主要体现在自动化立体仓库系统、自动分拣设备、智能分拣机器人等智能装备的广泛应用。其中自动化立体仓库包括立体存储系统、穿梭车等,分拣机器人主要有关节机器人、机械手、蜘蛛手(图1-34)、自主移动机器人(AMR)等。随着智能感知、决策、控制技术的持续发展,智能物流装备已具有或部分具有类人的感知、决策和执行的能力并通过5G等通信技术实现了设备之间的沟通和协调,同时也实现了设备与人之间的更好交互,从而大大减轻人力劳动的强度,提高操作的效率。目前智能物流装备系统已经成为智慧仓储系统运作的核心。

图1-34 蜘蛛手

3. 仓储决策智慧化

仓储决策智慧化主要利用大数据、云计算、深度学习等技术实现货物出入库的智能预测与库存的智能调拨。通过与商贸数据的广泛融合及对工业生产规律、个人消费习惯的深度挖掘,实现对货物市场需求的精准预测,从而规模化地提升了仓储空间的利用效率,降低了商品库存及备货周期。目前技术比较成熟的企业,如京东、阿里(菜鸟)等已运用大数据进行商品的预分拣,从而大大提升了市场响应效率。

二、智慧仓储功能

智慧仓储能够实现数据与信息的自动抓取、识别、仓储预警、智能管理及决策自动执行等多项功能。自动抓取功能能够实现对贴有电子标签的货物、库位、库架信息进行自动抓取,包括货物属性、库位及库架分类等,无须人工手动操作辨别。自动识别功能是指在自动抓取信息的基础上,实现信息自动识别、快速校验货物出入库信息等。自动预警功能是指通过信息系统程序设定,对问题货物进行自动预警,提前应对。仓储信息智能管理功能可以自动生成各类仓储单据、报表,并且进行规范统一的管理,形成数据库,为供应链决策提供信息与数据支持。仓储决策自动执行功能可以通过自动化装备,实现货物搬运、分拣等指令的自动化执行。智慧仓库功能架构及业务流程见图1-35及图1-36。

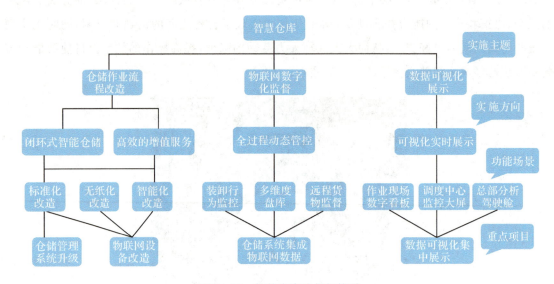

图1-35 智慧仓库功能架构图

图1-36 智慧仓库业务流程

智慧仓储给我们的物流存储带来了哪些好处？跟原来的仓库相比，又有什么进步的地方？请各小组讨论，并将结果填写在下面。

_____

_____

_____

第二节　智慧仓储关键系统与技术

河南扶沟：全力打造县域智慧仓储物流体系

随着第三届周商大会的成功举办，2023年11月16日，河南省周口市扶沟县正式与北京京邦达贸易有限公司签约，标志着京东物流智能产业园"落子"扶沟。

据了解，京东物流是北京京邦达贸易有限公司旗下品牌。"我们经过前期调研并结合扶沟县发展规划发现，扶沟县区域位置优越，拥有良好的产业基础，第二、第三产业有极大发展空间。最重要的是，我们看到了扶沟县政府建设物流产业园的意愿和决心。"北京京邦达贸易有限公司河南分公司总经理李娜说。

李娜表示，以发展商贸流通为目标，京东物流智能产业园将建设零担货运集散中心、统仓共配中心、冷链服务中心、电商服务中心、农副产品展厅等多个功能区，致力于打造展、销、仓储、配送为一体的多功能物流智能产业园，促进扶沟县乃至周口市电子商务、现代农业等相关产业快速发展。

"未来，京东物流将把扶沟县内所有快递行业整合到产业园，通过全自动分拣线分拣、单量合并、统一运营、一起配送，打通'下行'通道。我们还会在电商服务中心定期举行专业人才交流培训，帮助企业入驻商城、销售推广，打通'上行'通道。"

作为技术驱动型的物流服务商，京东物流将为扶沟县域经济发展带来哪些可喜变化呢？李娜从经济效益和社会效益两个层面进行了分析。

"京东物流智能产业园项目建成后，将引入'亚洲一号'技术、'天狼'系统、'地狼'系统、堆垛机、WMS（仓储管理系统）、WCS（仓储控制系统）等智能软硬件设备，全力打造豫东地区示范性高科技物流智能产业园。产业园的创建将为京东物流的'下沉'市场搭建网络、降本增效，同时为当地企业输出行业规范和专业技术，持续发挥新型实体企业价值和示范引领作用，通过一体化供应链物流服务，全方位满足县域产业及企业供应链基础设施建设与数字化升级的需求。"

智慧仓储包含了多种先进技术,不仅可以有效缓解仓库紧张,也将更好发挥综合保税区的独特优势,实现货物的自动转运、自动识别,缩短出入库时间,减少人员数量,降低运营和人力成本,加快构建高效、智能、绿色、安全的现代物流体系。

一、智慧仓储信息系统

智慧仓储信息系统主要包括仓储管理系统(WMS)和仓储控制系统(WCS)。

1. 仓储管理系统(WMS)

仓储管理系统是包含货物批次管理、物料对应、库存盘点、质检管理、虚仓管理和即时库存等仓储业务综合管理的系统,可有效控制并跟踪仓库业务物流和成本管理的全过程,实现或完善企业的仓储信息管理。该系统可以独立执行库存操作,也可与其他系统的单据和凭证等结合使用,从而为企业提供闭环的货物与财务管理流程及记录。

仓储管理系统(图1-37)一般包括入库管理、库内管理、出库管理等功能模块。WMS系统可通过后台服务程序实现同一客户不同订单的合并和订单分配,并对基于电子标签拣货系统(PTL)、无线射频(RF)、纸箱标签方式的上架、拣选、补货、盘点、移库等操作进行统一调度和下达指令,并实时接收来自拣货系统、射频端口和终端电脑的反馈数据。整个软件业务与企业仓库物流管理各环节吻合,实现了对库存商品管理的实时有效控制。

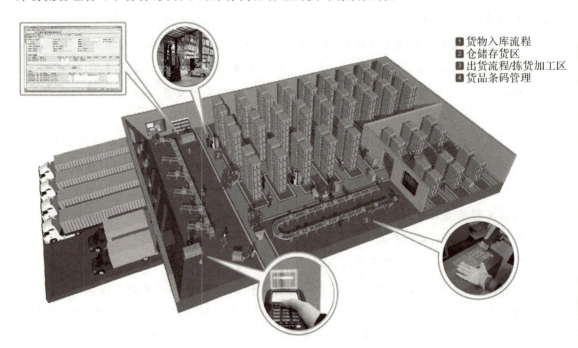

图1-37 仓储管理系统

2. 仓储控制系统(WCS)

仓储控制系统是介于仓储管理系统和可编程逻辑控制器(PLC)系统之间的一层管理控制系统,能够实现多种物流设备间如堆垛机、有轨导引车(RGV)及机器人、自动导引车等的协调运行。其主要通过任务引擎和消息引擎,优化分解任务、分析执行路径,为上层系统的调度指令提供执行保障和优化,实现对各种设备系统接口的集成、统一调度和监控(图1-38)。

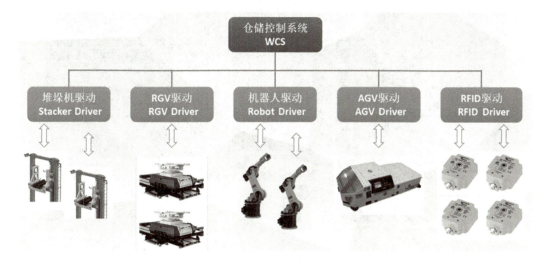

图1-38 仓储控制系统

二、智慧仓储执行系统

智慧仓储执行系统主要用于替代原有的重复劳动,在执行层提高仓储的运行效率,降低维护成本。主要包括仓库货架系统及仓储运输系统。

1. 自动存储/取回系统(AS/RS)货架

自动存储/取回系统(图1-39和1-40)通过自动化存储设备与数据管理系统的协作,实现了立体仓库的高层合理化、存取自动化及操作简便化等。

货架一般为钢结构或钢筋混凝土结构的结构体,将货架的内部作为货物存放位置,堆垛机可以行驶在货架间隙的通道中,既可以通过入库站台取货并根据调度任务将货物存储到指定货位,也可以在指定货位取出货物并送至出库站台。

图 1-39 自动存储/取回系统(AS/RS)货架

图 1-40 自动存储/取回系统(AS/RS)货架侧面

1) 通道式货架

(1) 货柜式货架：一般用于储存小件、零星货物，根据需要可有各种不同格式，其中又可分货格式及抽屉式等。这种货架一般每格都有底板，货物可直接搁置在底板上，这种货架的作业方式一般都是人工操作。

(2) 托盘货架：存放装有货物托盘的货架。托盘货架所用材质多为钢材结构，也可用钢筋混凝土结构。可做单排型连接，也可做双排型连接。

(3) 悬臂式长形货架：又称悬臂架。它由3~4个塔形悬臂和纵梁相连而成。分单面和双面两种，悬臂架用金属材料制造，为防止材料碰伤或产生刻痕，在金属悬臂上垫上木质衬垫，也可用橡胶带保护。悬臂架的尺寸不定，一般根据所放长形材料的尺寸大小来定其尺寸。

(4) 驶入式货架：采用钢质结构。钢柱上一定位置有向外伸出的水平突出构件，当托盘送入时，突出的构件将托盘底部的两个边托住，使托盘起架子横梁作用；当架上没有放托盘货物时，货架正面便成了无横梁状态，这时就形成了若干通道，叉车等作业车辆可轻易出入。

2) 密集型货架

(1) 密集型移动式货架：有移动式普通商品货架和移动式托盘货架两种。这种货架底部装有轮子，可在地面铺设的轨道上移动，固定式货架一般每两排货架需有一个通道，而移动式货架可在较多排架中只留出一条通道。通过货架移动，选择所需通道的位置，让出通道，由叉车装卸。移动式货架一般是电动的，但轻型移动式普通商品货架也可以是手动的。

(2) 密集型重力式货架：分为储存整批纸箱包装商品的重力式货架和储存托盘商品的重力式货架。储存纸箱包装商品的重力式货架比较传统，由多层并列的轨道传送带所组成，通过人力来进行货品的上下架。存放托盘商品的重力式货架相对复杂。每个货架设有重力轨道两条，滚道由左右两组滚轮、导轨和缓冲装置组成。

3) 旋转式货架

旋转式货架设有电力驱动装置（驱动部分可设于货架上部，也可设于货架底座内）。货架沿着由两个直线段和两个曲线段组成的环形轨道运行。一般通过开关或小型电子计算机进行控制。在存取货物时，由控制盘按钮输入货物所在货格编号，该货格则以最近的距离自动旋转至拣货点停止。由于拣货路线相对较短，拣货效率得到了提高。

2. 仓储机器人

在智慧仓储作业中，各种类型、不同功能的机器人将取代人工成为主角，如自动搬运机器人、码垛机器人、拣选机器人、包装机器人等。近几年比较典型的创新是自主移动机器人、料箱机器人、复合机器人等。

自主移动机器人(AMR)（图1-41）：相较于传统自动导引车，自主移动机器人具有感知环境、自主导航、智能避障、智能跟随等功能，可以免去人们铺导引线、贴地标线等改造环境的工作，特别是生产作业流程变更时，只需让机器人重构地图即可，节省了工人重新部署环境的成本,让室内物流更加柔性、高效。

图 1-41　自主移动机器人

料箱机器人(图 1-42):料箱机器人创新性地改变了传统的"货到人"作业模式,从"货架到人"到"货箱到人",目标更精准,拣选效率提高明显,且可配合外围自动化拣选系统,实现订单全自动无人化拣选。

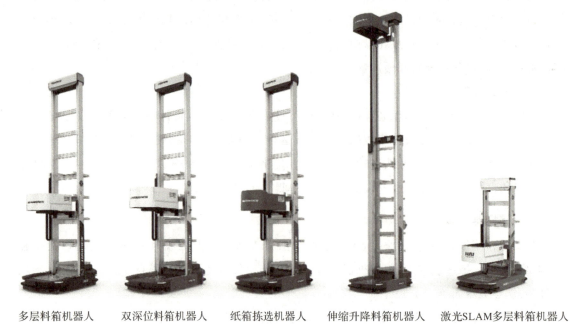

多层料箱机器人　　双深位料箱机器人　　纸箱拣选机器人　　伸缩升降料箱机器人　　激光SLAM多层料箱机器人

图 1-42　各种料箱机器人

复合机器人(图1-43):作为新兴的物流装备,复合机器人融合了智能导航等诸多关键技术,可实现物料的自动搬运、智能分拣,适应高柔性化生产模式,近几年成为机器人企业重要的研发方向。复合型机器人是基于智能移动机器人、协作机器人、视觉识别等技术的综合应用,可快速布置于工厂、仓库、超市,实现货物自动搬运、自动上下料、自动分拣等功能。

图1-43 各类复合机器人

多层穿梭车系统(图1-44):多层穿梭车系统采用立体料箱式货架,实现了货物在仓库内立体空间的存储。货物入库前,经开箱后存入料箱,通过货架巷道前端的提升机将料箱送至某一层,然后由该层内的穿梭小车将货物存放至指定的货格内。当货物出库时,通过穿梭车与提升机的配合完成任务。该系统的核心也在于通过货位分配优化算法和小车调度算法的设计,均衡各巷道之间及单个巷道内各层之间的任务量,提高设备间并行工作时间,发挥设备的最大工作效率。

自动输送系统(图1-45):自动输送系统链接着不同的物流设备与系统,从而实现货物自动搬运功能。自动输送系统需要跟拣选机器人、码垛机器人等自动化设备等进行联动配合,同时为了保证作业准确性,输送线也需要配备更多的自动检测、识别、感知技术及设备。

图1-44 多层穿梭车

图1-45 自动输送系统

3. 自动感知识别与决策技术

自动感知识别与决策技术是智慧仓储系统的大脑与神经系统。机器人之间、机器人与整个物流系统之间、机器人与工人之间的紧密配合、协同作业,必须依靠功能强大的软件系统操纵与指挥。其中,自动感知与决策技术可谓重中之重。

在智慧仓储模式下,数据是所有动作产生的依据,数据感知技术让机器如同安装了"眼睛",

将所有的商品、设备等信息进行采集和识别,并迅速将这些信息转化为准确有效的数据上传至系统,系统再通过机器学习、运筹优化等算法生成决策和指令,指导各种设备自动完成物流作业。其中,以数据驱动的人工智能算法目前正在系统性地解决货物入库、上架、拣选、补货、出库等各个环节的效率与灵活性问题。

根据本节所学到的内容,查找补充各种货架样式,打印粘贴在下面对应框图里。

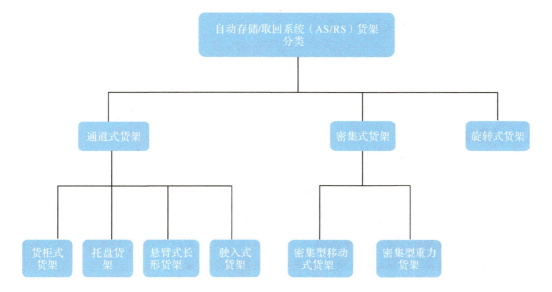

任务四　智慧供应链

任务目标

(1)掌握智慧供应链的概念及特征;
(2)理解智慧供应链与传统供应链的区别。

任务描述

引入智慧供应链的真实案例及概念讲述,初步建立智慧供应链的相关概念与认知,能区分智慧供应链与传统供应链的区别。

任务准备

(1)供应链相关介绍;
(2)智慧供应链应用相关视频介绍。

第一节　智慧供应链的概念及特征

任务导读

全球产业链供应链加速重构

近年来,各国产业链供应链布局从以成本、效率、科技为侧重转向以安全、稳定和政治为侧重,呈现多元化、区域化等演进特征,并存在进一步碎片化的趋势。世界经济增长动能因此受到遏制,也给经济复苏增添了更多不确定性。当前,国际社会应坚持开放合作,把握好数字化转型新机遇,重构兼顾效率、安全与韧性的全球产业链供应链分工体系。

在新一轮科技革命和产业变革下,把握好数字化转型,也将为构建兼顾效率、安全与韧性的全球产业链供应链提供新机遇。数字经济下产业链供应链向智能化、网络化转型,通过优化要素配置,有效提升其运行效率;通过搭建要素共享平台,实现各国企业间资源的集成与对接,有助于提升其灵活应变能力,降低断链风险;通过形成协同网络,增强可靠性,从而保障生产安全并迅速应对各种不确定性,进而提升应对冲击的能力。

经济全球化是社会生产力发展的客观要求和科技进步的必然结果,今天,人类已经成为你中有我、我中有你的命运共同体。数十年来产业链、价值链、供应链不断延伸拓展,也为世界经济提供了强劲动能。

任务实施

一、智慧供应链概念

供应链(supply chain)是指生产及流通过程中,涉及将产品或服务提供给最终用户活动的上游与下游企业所形成的网链结构,即将产品从商家送到消费者手中的整个链条。

现代供应链是指将产品或服务从原料供应商到最终消费者的整个过程中所涉及的协作和

协调。这一过程包括采购、生产、运输、仓储、销售及客户服务等环节。

智慧供应链集成了新时代信息技术与现代供应链管理的精髓,是在公司内部与公司间构建的,实现供应链的智能化、数字化和可视化的综合性技术与管理系统。其本质在于供应链上下游节点企业在商流、信息流、物流、资金流与数据流等方面实现无缝对接,尽可能消除信息壁垒,最终从根本上解决供应链效率与效能的问题。与传统供应链相比,智慧供应链在信息化程度、协同程度、运作模式、组织管理特点等方面均具有明显优势(图1-46)。

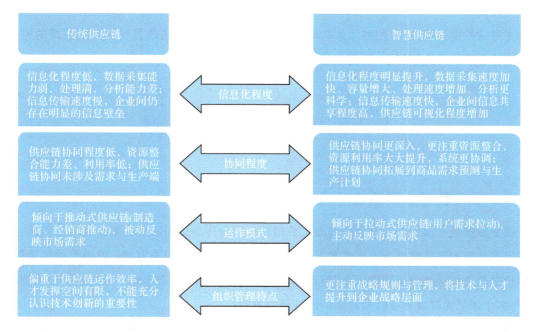

图1-46 传统供应链与智慧供应链对比

二、智慧供应链的特征

1. 技术张力更明显

在数字化与智慧化的背景下,供应链的管理与运营方会更积极、主动、系统地汲取包括物联网、互联网、人工智能等在内的各类数字化手段与技术,实现管理与经营在技术变革中的创新与提效。

2. 移动化与流程信息可追溯化

智慧供应链更多通过可视化的手段来表现数据,采用智能化和移动化的手段来访问数据,并实现追溯、交互与在线播放。

3. 信息集成能力更强

得益于发达的智慧信息网络,智慧供应链能有效集成信息,打破供应链各个节点企业的信息壁垒,弱化信息不对称性,进而更好地实现无缝对接,整合和共享供应链内部的信息。

4. 透明化程度更高,协作更宏观

信息与数据要素高度整合的前提下,更多强调系统优化与全供应链的绩效优化,供应链透明度伴随着数字化的提升不断增强,各个节点企业能够互联互通,及时掌握内外部的信息,并更好地应对变化,做出适当调整,进而提高供应链的绩效。

5. 弹性更大

先进的数据集成功能,使得信息共享互联触手可及,供应链绩效受到供应链层级的递增而出现不佳表现的可能性较小,延展性增加。

第二节 智慧供应链应用案例

一、欧睿数据全渠道智能商品管理解决方案

欧睿数据是一家专注于时尚品商品大数据挖掘和应用的公司。欧睿数据自成立以来,先后为多家国内外知名的时尚企业提供数据、算法、智能商品管理等解决方案。欧睿数据坚持以"需求驱动时尚业供应链数据智能服务"为核心,围绕"经营计划""需求预测""分货销补""供应链计划"等多个领域为时尚企业打造智慧供应链解决方案。

欧睿数据紧抓时尚品企业的销售瓶颈无法突破、成本增长大于销售增长两大基本痛点,以消费者需求为核心,在商品数据中台的基础上,对时尚零售企业线上线下的订单行数据、销售数据、客户关系管理数据、电商平台数据、行业大数据、天气数据、地理数据、竞争对手数据、区域消费群大数据等进行分析和挖掘,对经营计划制订、品类结构安排、未来销售预测、季中补货追单、大促活动优化、生产采购计划等实现决策指导,进而实现活动智能选款、动态定价优化、精准商品推荐,构造商品数据分析的微服务,最终实现对商品体系、营销体系和供应体系的完美匹配。

二、蓝色原野(Blue Yonder)软件集团公司的供应链协同产品

供应链协同是指供应链中各节点企业实现协同运作的活动。包括树立"共赢"思想,为实现共同目标而努力,建立公平公正的利益共享与风险分担的机制,在信任、承诺和弹性协议的基础上深入合作,搭建电子信息技术共享平台进行及时沟通,实现面向客户和协同运作的业务流程再造。在供应链协同方面,部分全球性公司如蓝色原野推出了一体化的供应链产品,覆盖原材料采购、制造、零售、消费的全流程。

蓝色原野软件集团公司提供全面的供应链、零售运营、门店运作和全渠道商务解决方案,帮助公司管理从原材料、成品,到最终交付顾客的完整货物流。蓝色原野由消费者视角,将全供应链构建成单一业务模型,从终端消费做预测,然后利用全供应链一体化计算,由生产计划套件、分布-中心式供应链、协同式品类管理、零售端店面运营、零售计划套件和流延法等组成。生产计划套件是生产制造业的端到端计划套件,从战略层的供应链网络设计规划,到中长期主计划及细分到天或者分钟的生产排程排序;分布-中心式供应链是着眼于整个配送供应链条的计划到执行套件,涵盖需求预测、补货/库存计划、分布式订单管理、运输计划/执行、仓储管理;协同式品类管理服务那些重视零售端体验及以客户为中心的 B2C 客户,主要解决如何在正确的时间、正确的地点销售正确的商品组合,从而获取最大的利润;零售端店面运营管理销售点终端管理(POS)、店面库存管理、劳动力管理等业务流程;零售计划套件针对零售业的端到端计划套件,从企业财务计划到商品组合计划;流延法是对协同式供应链库存管理(CPFR)理念的扩展、延伸,强调上下游企业间的协作协同,实现货架驱动的供应链管理。

三、知藏科技算法与优化

知藏科技是一家旨在利用先进的机器学习与运筹学算法帮助传统物流企业实现降低成本、提高盈利能力的公司,定位于为物流行业提供基于机器学习与运筹学算法的物流智能解决方案。知藏科技针对"干支线整车""零担"和"城市配送"三个典型物流场景中的配载、路径规划、车辆调度等问题,提供多重融合算法、机器学习及运筹学支撑的智慧物流解决方案。知藏智慧物流解决方案以最优化利润模型为出发点,在不改变物流企业现有运作方式的条件下,帮助实现智能规划和调度的同时,大幅优化运作效率。以长途干线整车物流企业为例,在应用了知藏的智能调度算法后,对比企业之前的传统人工运营模式,车辆有效行驶里程提升 48%,自有车盈利能力翻倍。

四、顺丰数据灯塔

大数据相关产品中的典型代表是顺丰数据灯塔。顺丰作为国内物流行业的知名企业,在 2016 年 5 月就推出了顺丰数据灯塔计划。它是顺丰在快件服务之外推出的首款数据增值服务,愿景定位为智慧物流和智慧商业("灯塔物流+"与"灯塔商业+"),充分运用大数据计算与分析技术,为客户提供物流仓储、市场开发、精准营销、电商运营管理等方面的决策支持,助力客户优化物流和拓展业务。

顺丰数据灯塔融合了顺丰内部自有的 20 余年物流领域持续积累的海量大数据和外部公开平台数据,基于此大数据进行多维度深层次高精度的专业分析,以及通过快递实时直播、快件状态监控、预警分析、仓储分析、消费者画像研究、行业对比分析、供应链分析、促销作战室等数据清洗、整合、洞察与分析,为商户提供分行业分场景的一站式咨询、分析、营销和运营服务的专业解决方案。目前已经覆盖生鲜、食品、3C(计算机、通信、消费电子产品)、服装等多个行业。顺丰数据灯塔拥有一流的算法团队,在自然语言处理、物流路径规划、智能推荐引擎等领域有着核心算法技术优势。

五、阿里供应链中台

供应链中台是数字化供应链中最核心的产品。传统供应链中,计划、采购、生产、物流等主要基于企业资源计划(ERP)串联,而智慧供应链中,供应链整体的信息化、系统化、互联网化主要基于供应链中台实现。中台架构的数字化供应链应用了互联网思维和技术,使得企业的数据能做到实时在线、统一及互联互通;为企业的库存共享、全渠道订单交付、价格管理、分销体系及客户需求管理等供应链运营带来全新体验。

阿里供应链中台从不同的工作台视角,把整个业务从商品到计划、采购、履约、库存、结算都包含进来。在数据应用架构上,设置不同的规则、应用模型和算法模型。在底层,根据实际将供应商、商品、订单、库存、结算、会员和模式等进行数字化,形成底层数据架构,支撑上层业务的运行。供应链中台帮助零售产业链上各个角色解决面对不同的消费群体的需求分层问题,以使其自身供应链适应市场需求并保证利润,同时可根据市场进行供应链网络的渠道化改造,满足不同商家群体需求及确保盈利。此外,商家可通过中台的全链路可视化分析了解市场动态,实时跟踪供应链的成本和效益,及时调整自身的供应链需求计划,保证资源的最优配置,制订更靠近消费者的产品差异化策略。

与传统供应链相比,阿里供应链中台能够取得更加精准的销量预测,实现供应链上下游的各个企业、商家、服务商更高效的计划协同,更加平稳的库存管理,以及更加优化的网络资源配置,打破了传统供应链分散割裂的"信息孤岛",重塑了整条链路,实现了全渠道信息共享和联动。

想一想

随着智能技术与物流行业的深度融合,产、学、研各界百花齐放,不断探索物流智慧化的新技术、新产业、新业态。物流各环节均已走上了智慧化发展的快车道,数字化、网络化、智慧化水平不断提高。

请结合目前学习掌握的知识,分小组讨论,谈谈你对智慧供应链未来发展的看法。

任务五　初始末端物流

任务目标

(1) 了解末端物流的发展现状及概念；
(2) 掌握末端物流的特点；
(3) 理解末端物流的发展模式。

任务描述

通过分析末端物流发展过程中面临的问题和难题，了解、认识末端物流，掌握其特点。

任务准备

(1) 调研、查找不同的末端物流模式；
(2) 搜集行业发展趋势报告。

第一节　末端物流的概念及特点

东风 Sharing Box：重新定义校园末端物流

东风汽车股份有限公司的 Sharing Box 智能网联货柜车正式进入校园,启动无人售卖等自动驾驶应用服务。Sharing Box 是东风汽车股份于业内率先推出的无人驾驶智能对点载运平台,采用智能感知、智能互联、智能决策和 5G、V2X 等前沿技术,取消了传统意义上的驾驶室,具有时尚科技动感的造型。基于 L4 级自动驾驶能力,Sharing Box 智能网联货柜车可根据事先设定的路线行驶。

在大学校园,Sharing Box 智能网联货柜车受到师生们的欢迎。只需用手机微信或支付宝扫码,输入手机号和验证码之后,便可以打开柜门选购商品,车辆可自动识别拿取的商品,关门后,可实现自动扣款(图 1-47)。

武汉新能源与智能汽车创新中心负责人介绍,据电商平台统计,高校是我国快递包裹数量最多,末端物流配送需求最强的地方。高校师生的年人均快递包裹数量是社会人均数量的

2倍左右。武汉拥有84所高校,高校快递数量首屈一指。因此高校是自动驾驶无人物流车的最佳应用场景之一。无人驾驶物流配送驶进高校,意味着自动驾驶技术正在打通末端物流配送的"最后100米"。

图1-47　Sharing Box智能网联货柜车在校园进行无人售卖

从东风Sharing Box可以看到,人工智能、物联网等新技术已经开始改变我们的传统生活方式,物流行业正在由传统的人工配送慢慢向智能机器人配送转变,科技的进步正悄然改变我们的生活方式。

一、末端物流的概念

末端物流是指物流配送的"最后一公里",是以满足配送环节的终端客户需求为直接目的的物流活动。它是整个物流过程的最后一个阶段,具体指快递网点或者快递员将包裹送达客户手中的物流环节。

随着经济活动越来越以客户的需求及服务体验为中心,各个快递公司及电商平台也更加注重末端物流服务能力的建设。除了基础的送货上门外,末端物流的基础设施及服务方式也更加丰富和全面,例如各类驿站及各类快递柜、寄件柜(图1-48)等均是末端物流不断发展的产物。这类设施设备的出现和发展为客户提供了更好的末端物流服务体验,在提高包裹安全性的同时,也帮助快递企业更好地降低了运营成本,提高了运营效率。

图 1-48 快递寄取件一体柜

末端物流的发展不仅极大提高了包裹的派送效率和安全性,而且提升了驿站的派件和寄件能力。随着科学技术的发展,基于对物联网、数据分析、人工智能等前沿科技的投入和应用,也在持续推动末端物流的智能升级,这对未来末端物流的发展至关重要。

二、末端物流的服务流程

随着末端物流基础设施的不断完善,末端物流服务方式更加多元化,末端物流服务过程也在不断规范化,因此,客户可以选择和享受到更加便捷的物流服务。末端物流的服务流程如图 1-49 所示。

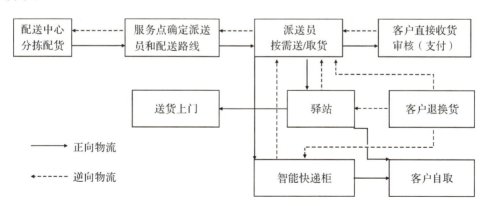

图 1-49 末端物流服务流程

(1)配送中心依据订单收货地址完成分拣配货。
(2)包裹到达后,服务点确定派送员及配送路线。
(3)派送员按客户需求送货。

(4)客户收货,直接收货审核(支付),或者到驿站和智能快递柜按照指定方式自行领取。

(5)客户退货,客户联系派送员直接退货,或者先放到驿站和智能快递柜,派送员到驿站和智能快递柜取件,然后通过服务点送回配送中心。

三、末端物流的特点

末端物流是直接为终端客户提供寄取件服务的一个物流环节,其业务服务场景、业务时效要求、服务质量要求及运营成本要求决定末端物流具备以下特点(图1-50)。

图1-50 末端物流的特点

1. 高效性

包裹的时效就是包裹的生命周期,是指从客户下单到收件人签收的整个过程。物流服务的时效是客户最重视的因素,将包裹快速送达,无需客户等待,才能提升客户体验。因此,在短时间内将包裹准确送到客户手中,也成为影响整个行业发展的痛点,这就要求在整个物流运输过程中不仅要尽可能提高效率,保证末端物流服务质量,也要注重包裹的及时出库,提高"最后一公里"的时效性。

2. 安全性

末端物流服务不仅要保障包裹、服务人员的安全,同时要注重客户个人信息的安全。快递公司推行的隐私面单,不仅能保护个人隐私,还能建立企业诚信体系、强化数据安全保护机制,让客户用得放心。能否将包裹完好无损地送到客户手中,决定了客户对物流配送服务体验的最终认可度。

3. 交互性

末端物流是企业与客户最直接的互动场景,能够快速地在客户心中形成认知,加强客户对末端服务的感知。因此,充分利用这个渠道为客户提供好服务,有助于末端物流的能力建设和升级。同时,驿站通过末端物流能够和客户直接沟通,从一线获取客户对服务的满意度,不断发现和挖掘客户对末端物流服务的需求,有助于持续改善末端物流服务体验。

4. 便捷性

末端物流是最贴近客户的一个环节,客户对服务的每一点感知都很重要,因此末端物流需要提供更高质量的服务满足其需求。要利用信息科学技术,解决寄取件偏远、交通不方便、寄取件时间不确定等问题;充分考虑客户的便捷性,提供多元化服务,增强末端物流服务在客户心中的认知。无人车、智能快递柜等设备的投入使用,大大提升了末端物流的便捷性。

5. 规模经济性

末端物流网点可以整合末端物流的寄递服务,提高派送效率,降低快递公司派件成本,通过末端网络聚集形成的规模性效应,能够有效降低行业成本,提高末端物流效益和效率,客户也能够享受到性价比更高、更加标准和规范的物流服务。如之前的末端服务点都由各家快递公司分散经营,有时候为了几个、几十个包裹就需要设立一个服务点,且至少都需要配备1名专门的人员提供服务,人效极低。随着末端规模化发展,菜鸟驿站作为专业的末端服务平台,为各家快递公司提供了一个公共集约的服务站点,客户不必再奔走于多个快递公司的服务点取不同的包裹,也不必重复排队了,在菜鸟驿站即可一站式解决。因此,末端物流的规模经济性对客户、快递公司等都有着重要意义。

通过以上的学习,我们知道末端物流属于物流的"最后一公里",服务不同场景的终端客户。如果让你们小组筹划开一家驿站,请问,你们会选择开在什么样的区域呢?请小组讨论,并将讨论内容记录下来。

区域名称	区域特点	区域优势	区域劣势

第二节 末端物流的发展

任务导读

自动驾驶末端配送：物流行业"最后一公里"的最佳答案

随着国内物流市场发展的日益成熟，末端物流配送成为提升物流时效性及物流质量的关键因素。目前，末端配送市场的弊端主要为末端配送业务本身较为复杂及用户对于服务的要求不断提高。因为配送的环境、场景、任务比较复杂，物品在配送过程中容易丢失、损坏，加上用户更加注重配送的时效性和服务体验，配送行业的压力不断增大。

自2014年开始，中国物流行业规模和订单量都在激增，自动驾驶末端配送小车可以针对性地解决这个问题，它融合了硬件、软件、算法、通信等多种技术，可以更加精准地确定配送地点，并且不受天气影响，提升了物品的时效性，保护了物品不受损坏。

近年来，我国与之相关的政策法规也得到了进一步的完善，随着物流领域的发展和自动驾驶技术的推进，自动驾驶产业商业化落地也逐渐被人们讨论，随着物流领域的发展和自动驾驶技术的推进，产业发展趋势更加明朗。自动驾驶末端配送环节也从中受益，市场机会逐渐显现，吸引不同行业的众多玩家加码布局，产业竞争环境也随之不断完善。

海量需求下物流配送业面临着运力短缺、管理困难、成本上涨等诸多难题，这使得自动驾驶等创新技术和解决方案应用有了极大必然性。随着我国物流行业的规范化和集约化发展，末端物流在其中承担的意义日益凸显。

任务实施

一、末端物流产生的背景

近年来，随着市场需求的快速提升及快递行业的高速发展，快递业务量也在高速增长。根据国家邮政局发布的报告，2013—2021年，我国快递业务总量迅速增长，并保持在20%以上的增长速度。2021年，全国快递服务企业业务量累计完成1083.0亿件，较2020年增长29.9%（图1-51）。

2022年国家快递从业人员约为450万人，全年包裹数量突破1800亿件，在如此巨大的包裹数量下，快递从业人员在包裹的派送上存在着巨大的压力。因此，末端物流基础设施也在不断完善，特别是作为新零售下末端物流基础设施的驿站、取货柜等也在不断发展，在各个社区、校园、商务区的场景里，菜鸟驿站、丰巢取货柜越来越多，极大缓解了快递公司包裹派送的压力，提高了包裹的派送效率。快递公司通过整合形成更加规范、标准、整洁的末端物流服务站点，不仅提高了包裹派送的安全性和便捷性,也大大提升了客户的物流服务体验。

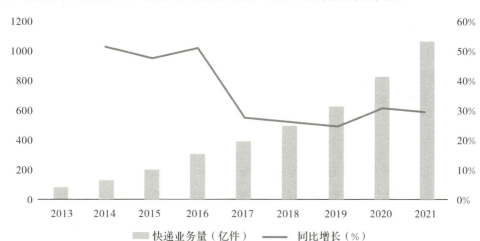

图 1-51 2013—2021 年中国快递服务企业业务量及增长速度

二、末端物流的发展现状及面临问题

近年来,我国末端物流配送的发展趋势是,强调服务创新,提升服务能力,推进智能投递设施的应用,以及鼓励快递末端集约化服务。企业层面,越来越多的电商企业和物流企业开始大力投入末端物流建设,例如菜鸟在高校建立服务驿站、投入无人车配送等。

末端物流的快速发展,在满足客户对包裹交付的服务需求的同时,也面临着一系列的问题,如运营成本高、从业人员缺乏、管理规范性差、包裹垃圾回收处理难等。

1. 运营成本高

近些年,快递服务点租金价格上涨导致末端站点运营成本上升,据数据统计,快递加盟网点租金成本已占运营成本的 20% 至 25%。而寻找一块合适的经营地点也并不容易,快递网点作业时间经常到凌晨,经常遭到社区业主投诉。此外,为了保障包裹处理效率,提升服务体验,随着包裹量的增加,驿站的人员成本也在不断攀升。很多末端驿站因为房租成本上涨、人员成本高、包裹派件入不敷出等原因,游走在零利润甚至亏损的边缘。

2. 从业人员缺乏

随着快递行业的快速发展,快递末端从业人员存在较大缺口,人员招聘的速度远远跟不上对应业务量增长的速度,且末端物流从业人员流动性高,经常出现"用人荒"和雇佣难的情况,尤其是每年春节后,从业人员返岗率仅有 70% 左右,造成很大的员工短缺,给末端物流的时效和服务品质造成影响。

3. 管理不够规范

随着末端物流行业的快速发展,加上用工的缺乏,多数末端站点还处在完成基础的寄派任务阶段,对寄派件过程中的服务要求不规范、不统一,难以形成较好的行业服务标准。

4. 包裹垃圾回收处理难

由于快递垃圾回收处理成本高,尤其是末端站点,需要安排专门人员负责垃圾的分类处理和回收,且部分包裹存在过度包装问题,纸箱只有不到5%能被重复使用,而塑料袋回收程度更低,胶带、运单、塑料袋都是"回收困难户"。

针对以上末端物流发展所面临的问题,大家都有什么好的解决办法呢?

请小组成员发散思维,找到合理的解决办法,并将办法汇总在下面的横线处,完成汇报。

_____

_____

_____

三、末端物流的发展模式

物流是国民经济平稳发展的重要基础设施。近些年来,随着新技术、新业态的出现,末端物流在不同的服务场景中也产生了不同类型的服务设施,例如智能快递柜、社区O2O、物流众包、无人配送等。末端物流服务也更加多元化,除了上门服务外,客户也可以选择到末端服务点进行自取。

1. 智能快递柜

智能快递柜是设立在公共场合(图1-52),可供投递和提取包裹的自助服务设备,为物业公司、社区业主及快递公司搭建了一座保证包裹安全投放和收取的桥梁,能够进行包裹识别、暂存、监控和管理,其特点是时间配置灵活、效率高、成本低及安全性高。

图1-52 某小区门口的智能快递柜

2. 社区O2O

社区O2O(图1-53)是一种打通线上线下,社区门店直接配送,同时为快递公司派送包裹的新型消费模式。在各种末端服务探索中,深入社区的各种门店一直被认为是"嫁接"快递收派功能的最好载体之一。

图1-53 社区O2O

3. 众包物流

众包物流(图1-54)就是利用客户抢单模式,来为附近的客户送快递。其模式为电商末端物流配送发展提供了新的动力,灵活地补充了现有的配送方式,缓解了快递人员稀缺的状况。例如,饿了么提供代取包裹服务及京东推出的京东到家服务。

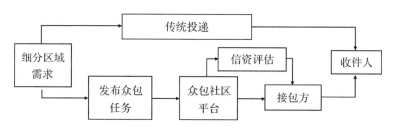

图1-54 众包配送模式

4. 无人配送(图1-55)

1)无人机配送

无人机配送通过利用无线电遥控设备和自备的程序控制装置操纵的无人驾驶的低空飞行器运载包裹,自动送达目的地。其优点主要在于解决偏远地区的配送问题,提高配送效率,同时减少人力成本。

2）无人车配送

无人车配送利用人工智能和自动驾驶技术，针对城市的办公楼、小区、高校等订单集中场所进行批量送件，提供安全、方便的快递取寄服务，配送效率高，可满足不同场景的配送需求。

图 1-55　无人配送

实地调研校园、小区等周边快递驿站的相关情况，结合行业发展趋势，谈谈你的优化建议。

_____

_____

_____

项目二　认识物流装备

任务一　智慧仓储装备

任务目标

(1) 掌握仓储装备的概念与类型；
(2) 掌握智慧仓储装备的概念与特征；
(3) 掌握自动化立体仓库系统的特点及主要类型。

任务描述

通过智慧仓储装备的介绍，掌握自动化立体仓库的特点及主要类型，能区分各种立体仓库，了解自动仓储的发展。

任务准备

(1) 了解仓储各种装备的样式；
(2) 了解自动化立体仓库的应用发展。

第一节　智慧仓储装备概述

华为松山湖供应链物流中心

华为松山湖供应链物流中心，采用射频、电子标签拣货系统、货到人挑选、旋转式传送带等多种先进技术，集物料接收、存储、拣选、齐套、配送功能于一体，是华为重要的样板点基地之一。它是华为全球物流供应网络中的典型代表，也是华为供应、物流体系，从被动响应走向主动感知,向敏捷供应、智慧物流转型的结晶之一。在松山湖自动物流中心建成之后,华为启动了智慧物流与数字化仓储项目,旨在通过构建实时可视、安全高效、按需交付的物流服务,主动支撑交付保障,提升客户体验,改善物流运营效率。

目前,"智能制造"等新兴理念正在以前所未有的频率和强度冲击着各行各业。作为"工业4.0"的核心组成部分,以及构建未来"智能工厂"的重要基石,智慧仓储装备系统正受到业界的高度关注。

实施

一、仓储装备的概念与类型

仓储装备是指仓库进行生产作业和辅助生产作业,以及保证仓库及作业安全所必需的各种机械设备的总称。仓储装备是有效实现仓储作业的技术保证,科学有效地运用仓储装备,加强仓储装备的管理,是保证仓库高效、低耗、灵活运行的关键。

仓储装备按其用途和特征可以分为储存保管装备、装卸搬运装备、计量装备、养护检验装备、通风照明装备、消防安全装备、劳动防护装备等。

1. 储存保管装备

储存保管装备是用于保护仓储商品质量的用品用具,主要包括以下内容。

(1)苫垫用品(图2-1),包括苫布(油布、塑料布等)、苫席、枕木、石条等,主要起遮挡雨水和隔潮、通风等作用。

油布　　　　　　　塑料布　　　　　　　枕木　　　　　　　石条

图2-1　苫垫用品

(2)存货用具,包括各种类型的货架(图2-2)、货橱等。其中货架在流通量大的仓库,特别是立体仓库中作用突出,既能够便于货物进出,又能提高仓库容积利用率。

图 2-2 货架

2. 装卸搬运装备

装卸搬运装备主要用于商品的出入库、库内堆码及翻垛作业,对改进仓储管理、减轻劳动强度、提高收发货效率具有重要作用。通常可以分成以下 3 类。

(1)装卸堆垛设备(图 2-3),包括桥式起重机、轮胎式起重机、门式起重机、叉车、堆垛机、滑车、跳板及滑板等。

桥式起重机　　　　轮胎式起重机

堆垛机

叉车　　　　门式起重机

图 2-3 装卸堆垛设备

(2)搬运传送设备(图2-4),包括电瓶搬运车、带式输送机、电梯及手推车等。

电瓶搬运车　　　带式输送机　　　手推车

图2-4　搬运传送设备

(3)成组搬运工具(图2-5),包括托盘、周转箱等。

托盘　　　　　周转箱

图2-5　成组搬运工具

3. 计量装备

计量装备(图2-6)用于商品进出时的计量、点数,以及货存期间的盘点、检查等,如地磅、轨道秤、电子台秤、电子计数秤、流量仪、带式秤、天平仪及较原始的磅秤、卷尺等。

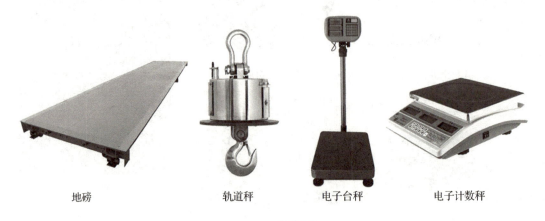

地磅　　　轨道秤　　　电子台秤　　　电子计数秤

图2-6　计量装备

4. 养护检验装备

养护检验装备(图2-7)是指用于商品进库验收和在库内保管测试、化验及防止商品变质、失效的机具、仪器,如吸潮机、烘干箱、风幕、空气调节器、商品质量化验仪器、温度仪、测潮仪等。

风幕

吸潮机

温度仪、测潮仪

图2-7 养护检验装备

5. 通风保暖照明装备

通风保暖照明装备(图2-8),包括各类风机、灯具、取暖设备等,根据商品保管和仓储作业的需要而设。

仓库风机

仓库照明设备

图2-8 通风保暖照明设备

6. 消防安全装备

消防安全装备(图2-9)是仓库安全必不可少的设备用具,包括报警器、消防车、手动抽水器、水枪、消防水源、砂土箱、消防云梯等。

图 2-9　消防安全设备

7. 劳动防护用品

劳动保护用品(图 2-10)主要用于确保仓库职工在作业中的人身安全,包括安全头盔、防护面罩、防护服、防护手套、鞋套等。

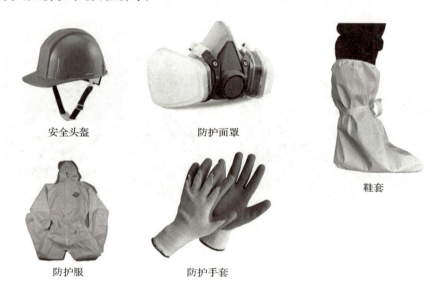

图 2-10　劳动防护用品

二、智慧仓储装备的概念与特征

1. 智慧仓储装备的概念

智慧仓储装备是物流仓储保管作业活动中所运用的智能化、自动化物流装备,涉及的装备种类较多,主要包括智能存储装备、自动输送装备、智能分拣装备等。其中,智能存储装备(图

2-11)主要用于货品的存放,包括自动化立体仓库和密集仓储系统所涉及的立体货架、堆垛机、穿梭车、升降机等。

图 2-11 智能存储装备

自动输送装备(图 2-12),主要包括带式输送线、辊筒输送线及链式输送线等,主要用于托盘和周转箱的输送。

图 2-12 自动输送装备

智能分拣装备(图 2-13),包括交叉带分拣系统、翻盘分拣系统、滑块分拣系统、摆轮分拣系统及分拣机器人系统等。

交叉带分拣系统

翻盘分拣系统

滑块分拣系统

摆轮分拣系统

分拣机器人系统

图 2-13　智能分拣装备

　　智慧仓储装备系统综合利用计算机、云计算、互联网和物联网等先进技术,将高位立体货架、巷道堆垛机、升降设备、自动出入库输送装备、自动分拣系统装备、室内搬运车、机器人等设备进行系统集成,形成具有一定感知能力、自行推理判断能力、自动操作能力的智慧系统。典型的智慧仓储装备系统包括自动化立体仓库系统和穿梭车式密集仓储系统。

　　智慧仓储装备系统与传统的仓库装备相比,具有能耗低、无污染、效率高、技术含量高的特点,承载着国家对企业"转型升级、智能制造"等的重要期望,也是各级政府部门提高自身形象的重要抓手,得到国家政策的大力支持。同时,第三方物流、电商等行业的兴起,对仓库规模、出入库效率和准确率要求更高,仓储物流企业面临库存扩容、减员增效、技术升级、降本增效的现实需要,智慧仓储装备系统建设成为企业首选,已不再是大型规模企业的"专利",更多企业具有智慧升级改造的迫切需求,成为智慧仓储装备高速发展的重要动力。

2. 智慧仓储装备的特征

　　智慧仓储装备具有管理系统化、操作信息化、作业自动化、数据智慧化、网络协同化等突出特点,与传统仓储装备相比,具有无可比拟的优势。

　　1)管理系统化

　　智慧仓储装备不再是简单的、独立运作的仓库设备,而是通过 WMS、WCS 管理系统进行集中管理、集成调度,并与仓储活动涉及的各类人力资源、货品器具、信息数据等集成在一起进行统一管理控制的仓库设备,实现在管理系统支撑下的功能集成、一体控制。

　　2)操作信息化

　　智慧仓储装备一般不需要人工直接进行操作,而是通过计算机进行管理控制,操作人员仅需录入有关信息参数,监测装备运行状态数据,装备系统会自动感知识别信息并执行仓储作业活动。

3)作业自动化

智慧仓储装备普遍应用机械自动化、人工智能技术,能够实现出入库、分拣输送、包装集装等作业活动的自动化,快速准确地完成货品存取收发,作业环节部分或全部实现无人化,作业效率大大提升。

4)数据智慧化

智慧仓储装备在作业过程中,能够实时记录作业数据,并将数据信息上传至信息系统数据库,通过数据的集中存储管理与分析处理,挖掘有用信息,监控装备运行,智能完成装备启停、状态报警、货位分配、货品指定、路线选择、库存控制等运行控制与管理决策活动,实现仓储作业智慧化。

5)网络协同化

智慧仓储装备系统与企业采购系统、生产系统、销售系统、配送系统等有机对接,形成一种智慧物流链,使企业的物变成智能化的"活"物,在需要的时间,以需要的数量、需要的状态,出现在需要的地方。智慧仓储装备的前伸后延,不仅为智慧仓储装备行业带来新的发展契机,也为客户带来更多价值,助力客户实现智能制造。

请分小组讨论,你们见过的仓储装备都有什么呢?将讨论的结果记录下来。

_____
_____
_____

第二节　自动化立体仓库

河北固安:超高码垛 40 米 智慧仓储神器造

你能想象的仓库货架有多高?这么高的码垛又是怎样做到稳如泰山的呢?这全靠一台机器——智能超高型堆垛机。而生产这台机器的就是位于河北省廊坊市固安县的廊坊科德智能仓储装备股份有限公司。

作为互联网智能时代的新兴产物,自动化立体仓库是现代物流系统的重要组成部分,堆垛机作为仓储物流行业的核心搬运设备,是自动化立体仓库特征的标志。以前的堆垛机一般都在

25米以下,当高度超过这个数值,就会遇到很多问题。比如立柱的整体刚性变差了,在加减速运动时,顶部就会晃动得非常严重。如今,通过自主研发的"防摇方案",科德公司将堆垛高度提升到了40米。他们创新研发出的智能超高型堆垛机(图2-14)在全国都处于领先地位。"40米的堆垛机已经稳定运行,以后咱们还要攻克45米、50米甚至更高的难题。"在技术讨论会上,公司创始人、首席执行官汪胜志向团队提出更高的目标。刘铜川说,"以前,国外企业在这方面的技术最牛,随着超高型堆垛机的需求越来越大,中国的物流技术服务商也在不断推进技术创新。未来,他们将会遇到更多的挑战,然而,机遇与挑战并存,只要有一颗永不服输的心,就一定能攻克一个又一个的技术难题。"

图2-14 科德智能生产的超高型堆垛机

科德智能是国内最早开发研制智能物流仓储装备系统集成与生产的供应商之一,目前已为国内各行业建设300多座自动化立体仓库系统。自动化堆垛机让"无人化作业"成为现实。

创新是推动行业发展的重要力量,然而,创新并非一蹴而就,需要不断地学习、思考、尝试。从国外技术的垄断,到自主研发设计成功;从25米到40米,智能仓储突破的不仅是高度,更是对创新的热爱和对未来的执着追求。

任务实施

一、自动化立体仓库的概念与特点

1. 自动化立体仓库的概念

自动化立体仓库,也称为自动存取系统(automated storage and retrieval system,AS/RS),是由高层货架、巷道堆垛机、入出库输送系统、自动化控制系统、计算机仓库管理系统及其周边设备组成的,可对集装单元货物实现自动化保管和计算机管理的仓库,如图2-15所示。利用立体仓库设备可实现仓库高层合理化、存取自动化、操作简便化。

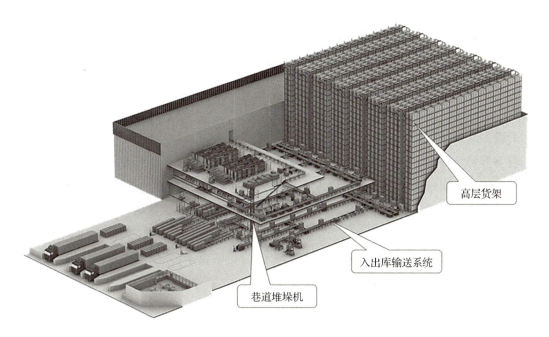

图 2-15 自动化立体仓库(AS/RS)效果图

2. 自动化立体仓库的特点(图 2-16)

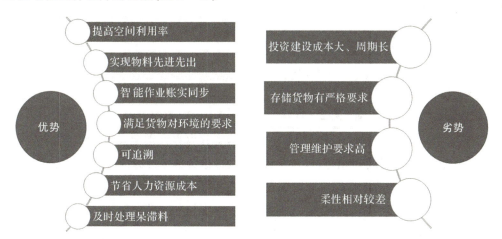

图 2-16 自动化立体仓库的优劣

1) 自动化立体仓库的优势

(1) 提高空间利用率。充分利用仓库垂直空间,单位面积存储量远大于传统仓库;可以实现随机存储,任意货物可存放于任意空仓内,由系统自动记录准确位置,避免传统仓库分类存放货物所造成的大量空间闲置,大大提高了空间的利用率。

(2) 实现物料先进先出。传统仓库由于空间限制,将货物码放堆砌,常常是先进后出,导致货物积压浪费。自动化立体仓库系统能够自动绑定每一票货物的入库时间,自动实现货物先进先出。

(3)智能作业账实同步。传统仓库的管理涉及大量的单据传递,且很多由手工录入,流程冗杂且容易出错。立体仓库管理系统与 ERP 系统对接后,从生产计划的制订到下达货物的出入库指令,可实现全流程自动化作业,且系统自动过账,保证了信息准确及时,避免了账实不同步的问题。

(4)满足货物对环境的要求。相比传统仓库,能较好地满足特殊仓储环境的需要,如避光、低温、有毒等特殊环境。保证货品在整个仓储过程的安全运行,提高了作业质量。

(5)可追溯。通过条码技术等,准确跟踪货物的流向,可以实现货物的物流全过程可追溯。

(6)节省人力资源成本。立体仓库内,各类自动化设备代替了大量的人工作业,大大降低了人力资源成本。

(7)及时处理呆滞料。立体仓库系统的物料入库,自动建账,不产生死料,可以搜索一定时期内没有操作的物料,及时处理呆滞料。

2)自动化立体仓库的劣势

(1)投资建设成本高、周期长。

(2)存储货物有严格要求。

(3)管理维护要求高。

(4)柔性相对较差。

二、自动化立体仓库的主要类型

1. 按照存取货物单元的形式进行分类

1)托盘式自动化立体仓库(图 2-17)

托盘式自动化立体仓库是一种以托盘单元为基本存取单元的自动存取系统。一般应用于整箱、整件货物的存取,具有适用范围广、承载能力强、存储密度大的特点。

托盘式自动化立体仓库高度可达 40 m,常用荷重为 1000 kg,储位量可达 10 万余个托盘,适用于大型仓库。而一般使用最普遍的高度为 6~15 m,储位数为 1500~2000 个。可应用于大型生产性企业的采购件、成品件仓库、柔性自动化生产系统(FAS)、流通领域的大型流通中心、配送中心等。

托盘式自动化立体仓库在货物入库前,首先须进行集装单元化工作,即根据货物包装及重量等特性进行组盘,以符合托盘尺寸、承重和堆高要求,再由巷道式堆垛机将其送至指定货位。

2)料箱式自动化立体仓库

料箱式自动化立体仓库用物流箱、吸塑盘或者纸箱进行存储并配有订单拣选系统。其荷重一般小于 300 kg,主要储存重量较轻的物品,是一种轻负载式立库。为保证拣货效率,料箱式自动化立体仓库一般高度为 5~10 m,随着定位技术和堆垛机运行速度的不断提升,也有超过 20

m 的大型料箱式立库出现。

"堆垛机＋料箱拣选"结构的箱盒式自动化立体仓库通常也称为 Miniload(图 2-18)，与 AS/RS 相比，Miniload 具有更高的作业效率。作业时，物流箱和纸箱被传送到配有针对巷道设计的起重设备的订单拣货工作站，以便拣货人员直接操作。箱盒式自动化立体库可以与流利式货架和电子标签拣选系统结合。借助于箱盒式自动化立体库可以自动补货到拣选位置，从而使订单拣货系统更有效。

图 2-17　托盘式自动化立体仓库

图 2-18　料箱式(Miniload)自动化立体仓库

2. 按照自动化立体仓库建筑形式进行分类

1)整体式

整体式是库房货架合一的仓库结构形式,仓库建筑物与高层货架相互连接,形成一个不可分开的整体,货架除了存储货物以外,还作为建筑物的支撑结构,构成建筑物的一部分。一般整体式货架高度在 12 m 以上。这种仓库结构重量轻,整体性好,抗震性好,如图 2-19 所示。

2)分离式

分离式是库架分离的仓库结构形式,货架单独安装在仓库建筑物内(图 2-20)。分离式货架高度一般在 12 m 以下,但也有 15~20 m 的。适用于利用原有建筑物作库房,或在厂房和仓库内单建一个高货架的场合。无论哪种形式,高层货架都是主体。

图 2-19 整体式自动化立体仓库

图 2-20 分离式自动式立体仓库

3. 按巷道轨道形式进行分类

巷道轨道的形式,即堆垛机存取过程在巷道中行走的方式,主要有直行巷道、U形巷道及转轨巷道3种形式,如图2-21所示。

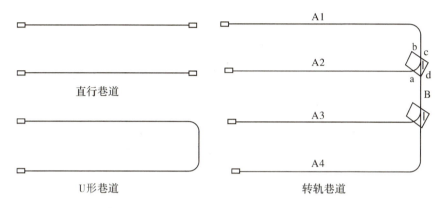

图 2-21 自动化立体仓库巷道轨道形式

1) 直行巷道

直行巷道的特点是每个巷道必须配置一台堆垛机在轨道上来回行走,这种形式可以使出库入库分布在巷道的两头,也可以使出入库都在一头,出库和入库分时进行,系统出入库的效率较高。

2) U形巷道

U形巷道的特点是两个直行轨道中间直接采用弯道连接,堆垛机可以在两个巷道内自由运行往返。与直行巷道相比,出入库效率有一定下降,但是在满足需求的前提下,可以两个巷道共用一台堆垛机,减少资金投入。但如果堆垛机出现故障,两个巷道左右的货架都不能进行货物存取。

3) 转轨巷道

转轨巷道能实现多巷道轨道之间的转移,通过转轨机构自动切换运行轨道,使得轨道具有可扩展性。其特点是在满足出入库频率要求的前提下,减少堆垛机的数量,可以降低立体仓库的设备成本,自动化程度高。但控制过程复杂,通信难度大,出入库效率较低,成本也较高,适用于大型立体仓。

4. 按货物单元出入高层货架的形式进行分类

货物单元出入高层货架的工作台,可根据仓库各区域布局总体情况进行灵活选择,包括贯通式、同端出入式、旁流式、分层式等多种形式,如图2-21所示。

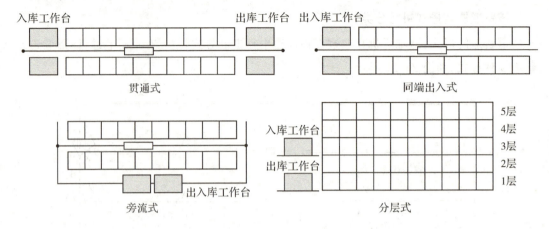

图 2-21 自动化立体仓库货物单元出入高层货架的形式

1）贯通式

贯通式即货架区出、入库工作台布置在堆垛机巷道的两端，货物单元由异侧出入，这样可以避免出入库交叉。

2）同端出入式

同端出入式即货架区出、入库工作台布置在堆垛机巷道的同一端，可设置为同口出入或异口出入，这样能够方便出入库的统一管理。

3）旁流式

旁流式即货架区出、入库工作台布置在堆垛机巷道的旁边，需要配合自动输送系统将货物送到工作台。

4）分层式

分层式即货架区出、入库工作台布置在不同楼层中，以适应仓库整体出入库流程及区域布置需要。

5.按照储存货物的特性进行分类

1）常温自动化立体仓库

温度一般控制在 5~40 ℃，相对湿度控制在 90% 以下。

2）低温自动化立体仓库

恒温仓库：根据物品特性，自动调节储存温度和湿度。

冷藏仓库：温度一般控制在 0~5 ℃，主要用于蔬菜和水果的储存，要求有较高的湿度。

冷冻仓库：温度一般控制在 -35~-2 ℃。

3）防爆型自动化立体仓库

主要用于存放易燃易爆等危险货物，系统设计时，应严格按照防爆的要求进行。

6. 按照仓库作用进行分类

1）生产性仓库：工厂内部工序、车间之间设立

生产性仓库是工厂内部为了协调工序和工序、车间和车间、外购件和自制件物流的不平衡而建立的仓库。这类仓库与生产紧密衔接，距离企业生产线较近，是一种在线仓库。如华为公司、东风汽车公司为满足生产线供应而建立的自动化立体仓库。

2）流通性仓库：生产工厂和顾客之间设立

流通性仓库是一种服务性仓库，是为了协调生产工厂和用户间的供需平衡而建立的仓库。这种仓库进出货物比较频繁，吞吐量较大。京东、苏宁等大型配送中心建立的自动化立体仓库属于这种类型。

立体仓库的出现，给仓储带来了什么改变？

___

___

___

任务二　智慧配送装备

任务目标

（1）掌握配送、智慧配送的区别；

（2）掌握智能配送装备的概念与特征；

（3）掌握无人配送车的概念特征；

（4）理解无人配送车的优势及发展现状；

（5）掌握无人机的概念及分类；

（6）理解无人机的优势及发展现状；

（7）掌握智能快递柜的概念特征，了解其发展现状。

任务描述

通过各类无人化配送装备的学习，掌握各种无人配送装备的定义，能区分各种配送设备的优劣点，认识各种配送设备。

(1)各类无人化装备的图片、应用视频；
(2)地下智慧物流官网视频。

第一节　智能配送装备概述

京东无人智慧配送站落地西安,系全球首个！

一、智慧配送装备的概念

配送是一种源于传统送货的现代经济活动。它是指在一定的经济合理区域范围内,在用户的要求下,开展拣选、加工、包装、分割、组配等一系列物流作业流程,然后按时送达用户指定的地点。配送与运输的主要区别:运输是针对物流干线、支线的中远距离、大批量货物的运送活动;配送是在一定区域内面向最终用户的近距离、多频次、小批量的送货活动,处于物流的末端环节。

智慧配送进一步强调信息流在配送过程中的作用。信息化、自动化、协同化、敏捷化、集成化镶嵌在配送活动之中,使配送活动更加便捷、更加高效、更加宜人。因而,智慧配送可以看作是以现代信息技术为支撑,有效融合了物流与供应链管理技术,使效率、效果和效益持续提升的配送活动。

车辆是传统的配送装备,随着智慧物流装备技术的发展及物流配送模式的不断创新,越来越多的具备智能控制功能的物流装备应用于物流配送过程中,如无人配送车、配送无人机等,大大提升了物流配送的效率和服务水平。

智慧配送装备是应用于物流配送过程中,具备复杂环境感知、智能决策、协同控制等功能,能够实现自动化、智能化、无人化运行的物流装备。

二、智慧配送装备的特征

1. 无人化运行

智慧配送装备能够实现无人驾驶,自动将货物送达用户,真正实现了"无接触式"配送。

2. 智能感知与决策

物流配送面对的是末端复杂的开放式环境,如城市主干道、小区内部道路、空中或地下环境等,情况复杂、干扰较多,要求智慧配送装备能够具备高度的智能感知与决策系统,能够根据环境实际情况进行快速灵活的自我调整。

3. 强调人机交互

智慧配送装备直接面向末端用户进行送货,应能够和用户进行良好沟通和信息交互,因此需要具备功能完善、界面友好的人机交互能力(图 2-22)。

图 2-22 交互式配送机器人

三、典型智慧配送装备

典型的智慧配送装备主要包括无人配送车、配送无人机、智能快递柜、地下智慧物流管网等。

1. 无人配送车

无人配送车,又称为配送机器人,是具备感知、定位、移动、交互能力,用于收取、运送和投递物品,完成配送活动的机器人。无人配送车不仅具备智能网联汽车的技术特征,还在高精度定位导航特别是室内定位导航,以及人机交互方面具有更高的要求。当前京东、顺丰、苏宁等已将无人配送车应用于快递配送、外卖送餐、医院物资供应服务等领域工作中。

2. 配送无人机

无人机有固定翼、多旋翼、无人直升机等多种类型,可用于大载重、中远距离支线运输,也可用于末端货物配送。配送无人机是用于配送领域的无人机,多以多旋翼无人机为主。当前,顺丰速运、京东物流等物流企业均在大力发展无人机配送。

3. 智能快递柜

智能快递柜是用于公共场合投递和提取快件的自助服务设备,具有智能化集中存取、24小时自助式服务、远程监控和信息发布的功能特征。目前已广泛配置于居民小区、园区、学校、办公楼等场所。

4. 地下智慧物流管网

地下智慧物流管网(图2-23),在末端配送环节可以与大型商超、居民小区建筑运输管道物相连,最终发展成一个连接城市各需求点的地下管道配送网络,并达到高度智能化。目前北京、上海等城市建设规划都将地下智慧物流管网作为未来城市建设的重点工程。

图 2-23 地下磁悬浮智慧物流

聊聊你们对智慧物流设备的认识。

___

___

___

第二节　无人配送车

任务实施

一、无人配送车的概念

无人配送车又称配送机器人,是基于移动平台技术、全球定位系统、智能感知技术、智能语音技术、网络通信技术和智能算法等技术支撑,具备感知、定位、移动、交互能力,能够根据用户需求,收取、运送和投递物品,完成配送活动的机器人,如图2-24所示。

图2-24　无人配送车

当前,菜鸟、京东、顺丰、美团等电商和物流企业,积极布局无人配送,其末端配送的无人车开始在高校、园区内进行测试运营。一些机器人和无人驾驶研发公司也在末端配送做着诸多努力。

二、无人配送车的优势

1. 提高配送效率

无人配送车可以实现全天候、全时段运行投递,弥补快递员不足的问题,提高配送效率。特别是对于零星小批量订单更具效率,能够把配送员解放出来去订单量大的区域。

2. 实现无接触配送

通过无人化配送,减少人与人的接触,特别适用于在特殊危险环境及特殊情况下的货物配送。

3. 提升用户体验

无人配送车出现后,与用户的沟通交流更具智能化,能够更好满足用户的需求;同时在一定程度上也能满足部分用户"求鲜"的心理，提升部分用户体验。

三、无人配送车的运行场景特征

1. 面临复杂开放型场景

配送机器人是智慧物流体系生态链的终端，面对的配送场景是一种非常复杂的非封闭式场景，需要应对各类订单配送的现场环境、路面、行人、其他交通工具及用户的各种情况，进行及时有效的决策并迅速执行，这需要配送机器人具备高度的智能化和自主学习能力。已经具备人工智能的配送机器人，具有自主规划路线、规避障碍的能力，可以自如地穿梭在道路上。

2. 具有"小、轻、慢、物"的特点

无人配送车具有"小、轻、慢、物"的特点，因此对无人驾驶技术的可靠性要求相对较低，无人配送可以更早落地应用，帮助研发人员进行无人驾驶技术的测试和迭代。

小：以餐饮外卖的配送场景为例，盒饭的尺寸一般都只有不到 30 cm×30 cm×30 cm，配送车可以做得比较小，实际使用的配送车宽度都在 50~100 cm，长度不超过 2 m。

轻：无人配送车的重量也会轻一些。设备比较"小""轻"，万一发生故障，对周围环境造成严重伤害的概率就会小很多。

慢：设备的行驶速度也比较慢，既然是"末端配送"，距离通常比较近，例如餐饮外卖的距离一般在 3 km 以内，20 km 左右的时速就足够满足这种短距离运输的需求。由于设备的行驶速度较慢，其刹车距离也比较短，一般在米级，所以对传感器、计算单元的要求都相对较低，传感器的感知距离大于 30 m 即可，而计算单元做出感知、决策、控制、执行的全周期只要不超过一秒就可以接受。

物：运送的是盒饭、包裹等物品，而不是乘客。载物的设备对行驶的平稳舒适性的要求就比载人的低很多，控制算法实现起来就容易一些；另外，因为车内没有乘客，设计时可以去掉传统车辆上用于保护乘客的装置，例如安全带、气囊等，同时增加保护周围人或车的设计，例如柔性外壳等，这进一步降低了对无人驾驶安全性的要求。

一旦无人配送在末端物流场景大规模落地应用，对整个无人驾驶行业都是非常有帮助的。第一，无人配送有非常丰富的应用场景，可以覆盖除高速路之外的大部分城区、园区、室内的道路。以美团外卖为例，其业务覆盖全国超 2800 个市县，从北到南，覆盖山区、高原、城区等各种道路，可以给无人驾驶提供丰富的数据。

第二，有足够大的容量，例如目前每天有超 60 万配送员活跃在外卖平台上，同时外卖行业还在快速增长，未来很有可能在这方面配备几十万甚至几百万辆无人配送车。大规模的无人配送车，能够快速地积累运行里程和数据，便于无人配送的进一步优化分析。

无人配送车的行业应用

第三节　无人机

一、无人机的特征

1. 不载人且无人驾驶

最初无人机是在战争中应用的,其研制初衷是无需人在飞机驾驶舱中驾驶,飞机就能够通过一定的指令携带炸弹至攻击目标的上方投弹,避免己方人员的伤亡。无人机技术日益更新换代,用途不断扩大,可用于航拍、勘探、农业喷药、运输货物等方面,但不载人且无人驾驶是其最基本的特征,这也是区别于民用航空飞机的一个重要特征。

2. 具有以飞控系统为核心的无人机系统

无人机系统是由飞控系统、数据链路系统、发射回收系统和动力系统构成的。飞控系统是无人机系统的"大脑",对无人机飞行稳定性、数据传输准确性起着决定作用;数据链路系统则是地面控制站(包含遥控器)和无人机之间的"桥梁",保证无人机与地面控制站之间信息传送实时准确;发射回收系统确保无人机顺利安全起飞和降落。动力系统则是由电源、电动机、电调和桨叶组成的,是无人机空中作业的能量来源。

3. 具有能够执行一定任务的载荷设备

无人机的研发目的是要完成一定的任务,包括军事目标轰炸和情报收集、娱乐航拍、货物运输配送和农业喷洒等任务。完成这些任务的前提是无人机装载相关的任务载荷设备。

4. 兼具视距内和超视距飞行能力

视距内飞行是指无人机驾驶员或无人机观测员与无人机保持直接目视视觉接触的操作方式,航空器处于驾驶员或观测员目视视距半径500 m内,相对高度低于120 m的区域内;超视距运行是指无人机在目视视距以外运行。无人机因具有执行任务的特性既需要在视距内飞行也需要超视距飞行,但大多数情况下处于超视距飞行状态。

5. 与航模具有本质上的区别

航模一般是由人通过遥控器控制的,没有飞控系统,只能在视距内飞行,用于娱乐用途,基本不具备执行特定任务的能力。

二、无人机的分类

1. 按用途划分

按用途,无人机可分为军用级无人机、专业级无人机和消费级无人机,如表2-1所示。

表2-1 按用途划分无人机类型

类别	性质	特点	主要应用场景
军用级无人机	军用	科技含量高、体积大、巡航时间长、速度快、航程远,主要使用燃料作为动力	携带导弹轰炸敌对军事目标、收集情报
专业级无人机（工业级无人机）	经济价值生产或转移	续航时间长、任务载荷设备较大、安全要求高	影视航拍、电力巡检、农业植保喷洒、货物运输、快递配送
消费级无人机	娱乐	体积小、续航时间短、飞行距离短	遥控飞行娱乐、航拍

2. 按机身机构划分

按照不同机身机构来分类,可分为固定翼无人机、无人直升机和多旋翼无人机,以及综合应用固定翼和多旋翼的融合型无人机。

1) 固定翼无人机

机身外形特征:机翼与机身垂直,外形像"十"或"士",与日常民用航空飞机外形类似。动力来源为螺旋桨或涡轮发动机产生的推力。固定翼无人机又分为上单翼、中单翼、下单翼、鸭式和无尾翼无人机,其中单翼、下单翼、鸭式无人机机动灵活性好、动力性能好,但稳定性较差,一般用于军用无人机。物流无人机主要使用上单翼和无尾翼无人机(图2-25)。

固定翼无人机具有续航能力较强、能量利用率高的特点,且由于其产生升力的原理,可以达到很高的飞行速度。另外,固定翼无人机承载能力强,在飞行中可通过对襟翼和尾翼的微调来适应变化的载重,维持平衡和稳定。但固定翼无人机灵活性较差,转向较慢且转向弧度较大,对起降场所要求比较苛刻,另外其结构复杂,因此生产成本昂贵。

图 2-25 固定翼无人机

2）无人直升机

无人直升机机身外形类似于有人直升机，主要依靠主旋翼提供升力，一般有一个尾翼用来抵消主旋翼产生的自旋力，起到增稳的作用。其优点是能够定点悬停；缺点是体型较大、结构复杂、技术难度大、造价高。

3）多旋翼无人机

多旋翼无人机机身有多个桨叶，主流的多旋翼无人机有四旋翼无人机、六旋翼无人机和八旋翼无人机。升力来源于桨叶旋转产生的推力。其优点是体积较小、结构简单、造价低，能够定点悬停，相比只有一个旋翼的无人直升机，悬停精度更高，稳定性和灵活性更好。缺点是一般采用纯电驱动，持续工作时间较短，一般适用于小型货物末端配送。

4）垂直起降固定翼无人机

垂直起降固定翼无人机是改良后兼具固定翼无人机和多旋翼无人机优点的机型（图 2-26）。相比于固定翼无人机和多旋翼无人机具有更好的稳定性。垂直起降固定翼无人机可以垂直起降，不受场地限制，复杂地形和建筑物密集区域均可顺利作业。

图 2-26 垂直起降固定翼无人机

三、无人机在物流配送中的应用优势

1. 方便高效、超越时空

相比于地面运输,无人机具有方便高效、节约土地资源和基础设施的优点。在一些交通瘫痪路段、城市的拥堵区域及一些偏远地区,地面交通无法畅行,导致物品或包裹的投递比正常情况下耗时更长或成本更高。在这些环境和条件下,无人机运输方式的"可达性"是其他方式所无法替代的。并且物流无人机通过合理利用闲置的低空资源,有效减轻地面交通的负担,节约资源和建设成本。

2. 成本低、调度灵活

相比于一般的航空运输和直升机运输,无人机运输具有成本低、调度灵活等优势,并能弥补传统的航空运力空白。随着航空货运需求量逐年攀升,持证飞行员的数量和配套资源及飞行员和机组成员的人工成本等成为航空货运发展的制约因素。而无人机货运的成本相对低廉,且无人驾驶的特点能使机场在建设和营运管理方面实现全要素的集约化发展。

3. 节约人力

物流人力短缺问题一直存在,特别是每逢节假日和物流高峰期,人工短缺和服务水平降低的问题往往更为突出。无人机号称"会飞的机器人",在盘点、运输和配送等物流环节加以合理的开发利用,并辅以周密部署和科学管理,能衔接配合好其他作业方式,节约人工,协助人力发挥"人机协同"效应,产生最佳效益。

4. 产能协同和运力优化

在科学规划的基础上,综合利用互联网+无人机、机器人等技术和方式,能实现产能协同和运力优化。

作为新技术的应用,无人机送货是对传统方式的有益补充,传统的"铁公机"、管道运输、水运和多式联运,加上无人机的末端配送和支线运输,必将使现代物流的服务能力再上新台阶,其整体的效率、成本和运力也将得到优化和重构。

无人机在物流行业中的应用

第四节　智能快递柜

导读

智能柜进小区　寄取件更便捷——林芝市完善快递末端基础设施建设

针对快递收寄过程存在的丢件、取件难等问题,林芝市大力推动智能快递柜进小区,引导快递行业新业态、新模式健康发展,提升快递末端服务能力,打造便民服务智慧社区。

林芝市依托智能快递柜"代收快递""存储快递"等功能,让快递员通过扫码将快递包裹存放进快递柜储存单元,自动生成取件码并发送至收件人手机,一柜一件、一件一码,实现了快递物流全程追溯,解决了快递丢件的问题。快递员李先生告诉记者:"以前送快递,如果收件人不能及时取件,就让代放在周边超市,常会有取错、丢失快递的情况,丢一次件抵一天工资。现在送件、寄件都扫码进柜,再也没有这些问题,我们快递员能更加安心工作了。"

智能快递柜提供 24 小时取件、寄件自助服务,彻底解决了"快递员派送时间和收件人取件时间不匹配"导致的取件难、成本高等问题,切实让群众享受到智能化带来的便利。

林芝市民周先生说:"有了智能快递柜,24 小时都可以取件,再也不担心早出晚归没法取快递了,真是太方便了。"

在整个物流产业链当中,配送位于末端服务的环节,同时也是最为关键的直接面对顾客的环节,特别是在配送产品的"最后一公里",这一公里是由顾客一同参与的,顾客能直观地感受物流配送的满意度。如果这"最后一公里"由快递员送货上门完成,势必导致成本高、顾客不方便接收等一系列问题。为解决"最后一公里"存在的种种问题,智能快递柜应运而生。快递柜在方便了顾客提取快递,大大节约成本的同时,也节省了时间,提高了货物寄存的安全性、智能性,实现了物流配送人性化作业管理。

实施

一、智能快递柜的特征

1. 智能化集中存取

快递柜是一个基于物联网能够将快件进行识别、暂存、监控和管理的设备,快递柜与服务器一起构成智能快递终端系统,由服务器对系统的各个快递柜进行统一管理,并对快件的入柜、存储及领取等信息进行综合分析处理。

2. 24 小时自助式服务

当收件人不在时,派送员可以将快件放在附近的快递柜中,等收件人有空时再去取回。

3. 远程监控和信息发布

通过自主终端,结合动态短信,凭取件码取件,以及微信公众号提醒收件人取件,还有自动通知快递公司批量处理快件的智能化新模式,可以改善快递的投送效率及用户的存取体验。

二、智能快递柜的结构和功能

1. 智能快递柜的结构

快递柜有不同的规格,通常柜体分为标准柜和拓展柜。标准柜由1个主柜和4个副柜(共84格)组成,拓展柜则是两侧的副柜,可以进行拓展、增加,或者根据实际需求进行缩减(图2-27)。一个快递柜组通常由不同规格的格口组成,不同的快递柜公司制造的快递柜格口尺寸有所不同,大部分有大、中、小三种尺寸的规格。

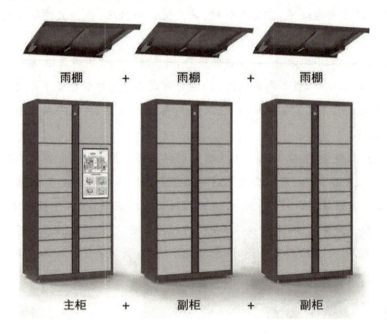

图 2-27 快递柜规格

2. 智能快递柜的功能

智能快递柜主要的功能有寄件、取件、暂存、广告、监控、照明和语音提示等。

1) 寄件功能

传统的寄快递模式是用户要找到快递员才能寄快递,可供用户选择的快递公司少,价格不能进行比较,而且相对麻烦,有了智能快递柜之后,用户只需要选择好理想的快递公司,根据格口大小,把要寄的物品放进快递柜,扫二维码支付快递费就可以了。相应的快递员在投递快件的时候,看到有物品要寄出,就会顺便揽收快件,整个流程简单方便。

主要流程：用户线上下单填写寄件信息；到柜扫码/输入寄件码；支付运费开箱投递；快递员取件打印运单；发件。

2）取件功能

取件是快递柜设计的初衷，将快件放进快递柜，一是节省时间，一天之内快递员能投递更多的快递，提升了配送效率；二是方便了消费者，如上班族、学生等没有办法守在家里等快递，有了智能快递柜之后，他们的活动灵活度就大大增加了，从另一方面看，这也是一种促进消费的行为。

主要流程：快递员选择货品对应格口大小；扫描运单；输入手机号；开箱放入快件；触发取件微信/短信消息；扫描/输入取件码；取出快件。

3）暂存功能

除了寄件和取件的功能以外，快递柜还有暂存的功能，企业用户可以完成物品的多次存和取，轻松实现物品交换、库存管理。例如玩具租用、家电租用、洗衣、租书等。个人用户也可以使用，用于暂存物品，只要填写好存件人、取件人的信息，选择所需的格口尺寸、取件时间等就可以了，这样的功能有点类似于储物柜。

4）广告功能

智能快递柜的主柜屏幕在没有人取件或寄件时会播放广告，也就是说有人走近快递柜或者在准备使用快递柜之前，映入眼帘的就是广告，同时副柜上可以贴上广告贴纸等，有一种非常直观的宣传效果，广告既属于智能快递柜的一项功能，又是其利润来源之一。

5）监控、照明和语音提示功能

每一个智能快递柜的上方都会有一个监控器，可以实时记录寄件人、取件人的时间，这为货物遗失等问题提供了有效的证据。

为了方便用户晚上操作，在夜间当用户靠近使用快递柜时，快递柜自用灯会自动亮起，当用户离开后会自动熄灭，这样的感应系统既可以方便用户，又不会浪费电源。

有的智能快递柜还配有语音提示功能，在用户的每一步操作之前会有语音提示，例如在取件时，会语音提醒用户"请打开二维码或按取件码取件"，当取件完成后，会提醒用户"柜门已打开，取件后请关好柜门"，这样的语音提示及时提醒用户该做什么、怎么做，极大地减少了差错事故的发生，十分人性化。

三、智慧快递柜的应用意义

首先，智能快递柜可以降低人力成本，减轻快递员的工作负荷。快递员的工作任务一般都比较繁重，加班派送是常态，快递员数量与不断激增的快递量相比明显不足。而智能快递柜可以增加派件数量，提高快递员的工作效率，在一定程度上缓解了用人难题。

其次，智能快递柜提高了用户隐私保护力度，取件时间更随意。送货上门固然可以方便收件人，但也存在一些时间上的不方便和安全隐患，智能快递柜则解决了这些问题，它是高效安全的投递方式。智能快递柜的推行使用，使得快递行业的配送业务得到了明显的改进，彻底解决了无人在家、重复投递、收件难等问题，方便了消费者和派送员，同时又规避了代收快递的风险，一举解决了困扰物流行业多年的快递投递及代收难题。

智能快递柜的应用现状

综合运用各种无人化配送装备，畅想未来无人配送的场景是怎样的？小组讨论，总结、集中汇报。

___

任务三　智慧装卸搬运装备

任务目标

(1)掌握装卸搬运装备的概念与类型；
(2)掌握智慧装卸搬运装备的概念与特征；
(3)掌握各类智慧装卸搬运装备的概念与分类；
(4)了解智慧装卸搬运设备的应用场景与发展。

任务描述

通过智慧装卸搬运装备的介绍，理解智慧装卸搬运装备的应用场景与发展趋势，能识别各类智慧装卸搬运装备。

(1)各类智慧装卸搬运装备的操作视频；
(2)对物流企业智慧装卸搬运装备的使用调研。

第一节　智慧装卸搬运装备概述

任务导读

装卸搬运智能化 人工智能助力物流行业突破瓶颈

在无人分拣中心，庞大的六轴搬运机器人负责用吸盘将货箱重新码放；AGV（自动导引运输车）小车利用地面贴着的二维码导航来搬运货架；小件分拣时，货架穿梭车从两排货架上将装有商品的货架取下，放上传送带供分拣机器人分拣；拣选机器人利用3D视觉系统，从周转箱中识别出客户需要的货物，并通过工作端的吸盘把货物转移到订单周转箱，拣选完成后，通过输送线将订单周转箱传输至打包区。整个分拣中心实现了真正的无人化，且效率大幅提升。在分拣中心，人工智能游刃有余，走出仓库，人工智能借助无人机等设备参与"最后一公里"派送。

装卸搬运是物流系统中最基本的功能要素之一，存在于货物运输、储存、包装、流通加工和配送等过程中，贯穿于物流作业的始末，机械智能化设备的投入，大大减少了人力需求，降低了人力成本和管理难度。

一、装卸搬运装备的简介

1. 装卸搬运装备的概念

装卸搬运是指在同一地域范围内进行的，以改变货物的存放状态和空间位置为主要内容和目的的活动，包括装上、卸下、移送、拣选、分类、堆垛、入库、出库等活动。装卸搬运的方式主要有吊上吊下、叉上叉下、滚上滚下、移上移下及散装散卸等。

装卸搬运装备是指用来搬移、升降、装卸和短距离输送物料或货物的机械设备。装卸搬运装备是实现装卸搬运作业机械化的基础，是物流装备中重要的机械设备。它不仅可用于完成船舶与车辆货物的装卸，而且还可用于完成库场货物的堆码、拆垛、运输及舱内、车内、库内货物的起重输送和搬运。

2. 装卸搬运装备的作用

大力推广和应用装卸搬运装备，不断更新装卸搬运装备和实现现代化管理，对加快现代物流发展,促进国民经济发展,有着十分重要的作用。主要表现在以下几个方面。

(1)提高装卸效率,节省劳动力,减轻装卸工人的劳动强度,改善劳动条件。

(2)缩短作业时间,加速车辆周转,加快货物的送达。

(3)提高装卸质量,保证货物的完整和运输安全。特别是体积大且笨重货物的装卸,依靠人力难以完成,并且保证不了装卸质量,容易发生货物损坏或偏载,甚至危及行车安全,采用机械作业,则可避免这种情况发生。

(4)降低装卸搬运作业成本。装卸搬运设备的应用,势必提高装卸搬运作业效率,而效率的提高会使货物分摊的作业费用相应减少,从而使作业成本降低。

(5)充分利用货位,加速货位周转,减少货物堆码的场地面积。采用机械作业,堆码可达到一定的高度,加快了装卸搬运的速度,及时腾空货位,减少了场地面积。

3. 装卸搬运装备的主要类型

1)按作业性质分类

按装卸及搬运两种作业性质不同可将装卸搬运设备分为装卸机械、搬运机械及装卸搬运机械三类。

(1)装卸机械:手动葫芦(图2-28)最为典型,固定式吊车如卡车吊、悬臂吊等吊车虽然有一定的移动半径,也有一些搬运效果,但基本上还是被看成单一功能的装卸机具。

(2)搬运机械:如各种搬运车、手推车及斗式输送机、刮板式输送机(图2-29)及各种输送机等。

(3)装卸搬运机械:在物流领域很注重装卸、搬运两功能兼具的设备,这种设备可将两种操作合二为一,因而有较好的系统效果。典型装备有叉车、跨运车(图2-30)、龙门吊及气力装卸输送设备等。

图2-28　手动葫芦

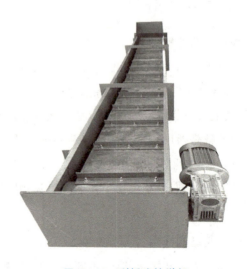

图2-29　刮板式输送机

图 2-30 跨运车

2)按设备工作原理分类

按装卸搬运设备的工作原理可将装卸搬运设备分为叉车类、吊车类、输送机类、作业车类和管道输送设备类。

(1)叉车类,包括各种通用和专用叉车。

(2)吊车类,包括门式、桥式、履带式、汽车式、岸壁式、巷道式等各种吊车。

(3)输送机类,包括辊式、轮式、皮带式、链式、悬挂式等各种输送机。

(4)作业车类,包括手推车、搬运车、无人搬运车、台车等各种作业车辆。

(5)管道输送设备类,包括液体、粉体的装卸搬运一体化的以泵、管道为主体的一类设备。

3)按有无动力分类

(1)重力式装卸输送机,辊式、滚轮式等输送机属于此类(图 2-31)。

图 2-31 辊式输送机

(2)动力式装卸搬运设备,分为内燃式及电动式两种,大多数装卸搬运机具属于此类(图2-32)。

(3)人力式装卸搬运设备,用人力操作作业,主要有小型机具和手动叉车、手推车、手动升降平台等。

图2-32 动力式装卸搬运设备

二、智慧装卸搬运装备的概念

装卸搬运经历了人工装卸搬运、机械化装卸搬运和智能化装卸搬运三个发展阶段。人工装卸搬运当前依然存在,主要体现在快递行业、生产制造行业、轻型运输行业、农林业等行业领域,其主要缺点是投入人力多、成本较高、效率低下、差错率高等。机械化装卸搬运提升了效率,解决了部分人力所无法完成的装卸搬运工作。但机械化、人工化搬运无法适应当前的智能化运作环境,特别是当前的电商物流、智能制造领域,强调的是确保效率、降低成本、智能防盗、保证安全等,智慧装卸搬运装备的到来将颠覆传统的人工搬运、机械搬运模式,逐渐走向智能搬运。

智慧装卸搬运装备,是在机械化装卸搬运装备的基础上,引入应用传感定位、人工智能、自动控制等技术手段,能够自动化、智能化完成货物搬移、升降、装卸、短距离输送等作业的物流装备。

无论是生产制造物流领域,还是电商、流通领域的大型配送中心,均将自动导引搬运车(AGV)、机械臂等智慧装卸搬运装备的应用作为提升装卸搬运效率的重要手段,装卸搬运的自动化、智能化整体水平不断提升。

三、智慧装卸搬运装备的主要特征

1. 无人化作业

对传统机械设备进行升级,通过导航、定位及多重传感器的部署,使机械设备可以自动感应识别作业位置并精准对接,完成无人自动存取搬运的功能。如将传统有人叉车改造为无人叉车(图 2-33),将传统岸桥改造为无人岸桥。

图 2-33 无人叉车

2. 柔性化衔接

装卸搬运是物流各环节有效衔接的重要桥梁和润滑剂。智慧装卸搬运应能够适应复杂的物流环境,按照设定的工作流程,完成入库、存储、拣选、搬运、上料、下料等环节的自动化运作,柔性连接物流或生产制造中的每个环节。

3. 智能化控制

通过作业控制系统,能够整体调度和监控智能作业流程,包括无人叉车、机器人、机械臂及辊道等。通过系统对作业流程节拍的控制,以及多台机器人路径规划、实时状态监控、柔性增减机器人数量、地图布局修改和交通管制等功能,使得整个系统最大程度提高作业效率和柔性可拓展程度。

四、典型智慧装卸搬运装备

典型的智慧装卸搬运装备主要包括自动堆垛机、智能起重机、智能机械臂、智能叉车、自动导引搬运车(AGV)等。

1. 自动堆垛机

自动堆垛机通过运行机构、起升机构和货叉机构的协调工作,自动完成货物在货架范围内的纵向和横向移动,实现货物的三维立体存取。主要用于自动化立体仓库货物存取,通常在巷道内使用,也称为巷道式堆垛机。

2. 智能起重机

智能起重机可以在传统起重机械的基础上,利用传感器技术、高精度定位技术和远程遥控技术,实现起重装卸作业的智能化、无人化。包括无人操作龙门吊、无人操作岸桥等。

3. 智能机械臂

智能机械臂是指具有和人类手臂相似的构造,或者与人类手臂相似的能力,可以由人类给定的一些指令,按给定程序、轨迹和要求实现自动抓取、搬运和操作的自动装置。

4. 智能叉车

智能叉车安装有激光导航及多重传感器,使得叉车可以自动感应识别货架上相应托盘的位置并精准对接,完成无人自动存取的功能。

5. 自动导引搬运车

自动导引搬运车(AGV)是指装备有电磁或光学等自动导引装置,能够沿规定的导引路径行驶,具有安全保护及各种移载功能的搬运车。AGV集声、光、电、计算机技术于一体,应用了自控理论和机器人技术,装配有电磁或光学等自动性导引装置,能够按照使用人员设定好的导引路径行驶,具备目标识别、避让障碍物和各种移载功能,同时具有自我安全保护的应急能力。

本节介绍的智慧装卸搬运设备都集成了哪些技术?它们跟装卸搬运设备相比,有什么进步呢?

_____

_____

第二节 巷道式堆垛机

跨越国内技术壁垒,堆垛机最高可达50米

2018年12月28日,由青岛星华智能装备有限公司与韩国现代联合开发的新成果——高性能高速堆垛机产品正式发布。

随着物流仓储行业的高速发展,对仓库的运行效率和存储能力都提出了更高的要求。据介绍,目前国内能够生产的堆垛机的高度一般在18~24 m,只有少部分能够达到30 m,运行速度基本上维持在每分钟200 m以内。而本次发布的高速堆垛机产品,具有高高度、高速度、轻量化等特点,产品基于现代核心技术,经过星华与现代的联合研发和技术攻关,在速度上达到了 360 m/min,比国内的高速堆垛机产品快了 1.5 倍,高度可超 50 m,完全跨越了国内产品 30 m 高度的技术壁垒,是一款满足高端市场需求定位的产品。通过反复仿真、试制验证的结构设计配合柔性的软件控制,这款堆垛机在高速度、高高度、高符合效率的同时保证了其长效运行的稳定性。

一、巷道式堆垛机的概念

巷道式堆垛机(图 2-34)是通过运行机构、起升机构和货叉机构的协调工作,完成货物在货架范围内的纵向和横向移动,实现货物三维立体存取的设备。

巷道式堆垛机是立体仓库中用于搬运和存取货物的主要设备,是随立体仓库的使用而发展起来的专用起重机。

巷道式堆垛机的主要用途是在高层货架的巷道内来回穿梭运行,将位于巷道口的货物存入货格,或者取出货格内的货物运送到巷道口。

图 2-34 巷道式堆垛机

二、巷道式堆垛机的特征

(1) 整机结构高而窄。采用有轨巷道式堆垛机的高架仓库货架很高,而货架巷道非常狭窄,堆垛机的宽度一般只与所搬运的单元货物的宽度相等。

(2) 结构的刚度和精度要求高。堆垛机的金属结构设计除需满足强度要求外,还需满足结构的刚度和精度要求。制动时,机架顶端水平位移一般要求不超过 20 mm,结构振动衰减时间要短。载货台在立柱上的升降导轨的不垂直度一般要求不超过 3 mm。

(3)取物装置复杂。堆垛机配备有特殊的取物装置,常用的有伸缩货叉(图2-35)、伸缩平板,工作时,能对两侧货架进行存取货物。

图 2-35 伸缩货叉

(4)堆垛机的电力拖动系统要同时满足快速、平稳和准确三个方面的要求。一般要求停车定位精度≤±5 mm,起升定位精度≤±3 mm。

(5)安全要求高。必须配备齐全的安全装置,并在电器控制上采取一系列连锁和保护措施。

三、巷道式堆垛机的分类

1. 按堆垛机高度分类

按堆垛机高度可分为低层型、中层型和高层型。

(1)低层型堆垛机:起升高度在 5 m 以下,主要用于分体式高层货架仓库及简易立体仓库。

(2)中层型堆垛机:起升高度在 5～15 m。

(3)高层型堆垛机:起升高度在 15 m 以上,主要用于一体式的高层货架仓库。

2. 按支承方式分类

按支承方式可分为悬挂式、地面支承式两种。

(1)悬挂式堆垛机:行走机构安装在堆垛机门架的上部,地面上也铺设有导轨。

(2)地面支承式堆垛机:行走轨道铺设于地面上,上部导轮用来防倾倒和摆动。

3. 按结构形式分类

按结构形式可分为单立柱堆垛机和双立柱堆垛机。

(1)单立柱堆垛机:由一个立柱组成,自重轻、刚度差,起重量不超过 2000 kg(图 2-36)。

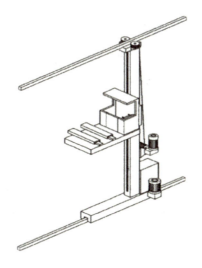

图 2-36 单立柱堆垛机

(2)双立柱堆垛机:由两个立柱组成,刚度好、速度快,起重量可达 5000 kg(图 2-37)。

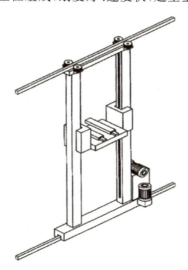

图 2-37 双立柱堆垛机

4. 按作业方式分

按作业方式分可分为单元式、拣选式、拣选-单元混合式三种类型。

(1)单元式堆垛机:对托盘单元进行出入库作业的堆垛机。

(2)拣选式堆垛机:由操作人员向(或从)货格内的托盘(或货箱)中存入(或取出)少量货物,进行出入库作业的堆垛机,其特点是没有货叉。

(3)拣选-单元混合式堆垛机:具有单元式与拣选式堆垛机的综合功能,其载货台上既有货叉装置,又有司机室,可以满足两种作业方式的要求。

四、巷道式堆垛机的主要结构

巷道式堆垛机主要由起升机构、运行机构、载货台、取物装置、机架及电气控制系统组成,如图2-38所示。

1. 起升机构

起升机构是使载货台垂直运动的机构。一般由电动机、制动器、减速机、滚筒(轮)及柔性件组成。为了使起升机构结构紧凑,常常使用带制动器的电动机。除了一般的齿轮减速机外,由于需要比较大的减速比,因而有的也采用蜗轮蜗杆减速机和行星减速机。

常用的柔性件有钢丝绳和起重链两种。起重链传动装置多数装在上部,常配有平衡重块,以减小提升功率。

2. 运行机构

运行机构是堆垛机水平运行的驱动装置。一般由电动机、联轴器、制动器、减速箱和行走车轮组成。

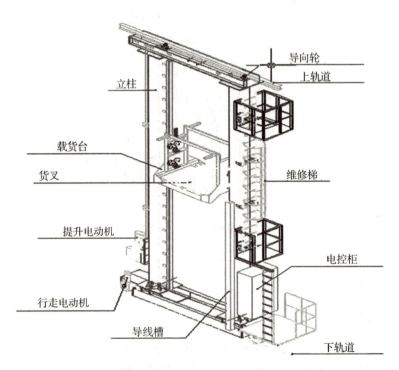

图 2-38 巷道式堆垛机主要结构

行走车轮结构分有轮缘和无轮缘两种,有轮缘的车轮,当堆垛机货叉作业时,会对车轮产生啃轨力。所以为了防止啃轨现象,多采用无轮缘车轮,并在下横梁底部安装侧面导向轮。

3. 载货台及取物装置

载货台：通过钢丝绳或链条与起升机构连接，可沿着立柱导轨上下升降。取货装置安装在载货台上；有司机室的堆垛机，司机室一般也在载货台上。

取物装置：根据托盘的形状、单元货物的尺寸与重量等，目前已设计出了各种取货装置，包括采用电磁或真空吸盘的存取装置，利用动力输送机的存取装置，利用机械臂的取货装置及最常用的伸缩货叉装置等。

货叉装置是堆垛机存取货物的执行机构，装设在堆垛机载货台上。货叉可以横向伸缩，以便向两侧货格送入（或取出）货物。货叉根据其叉子的数量不同，可分为单叉货叉、双叉货叉和多叉货叉。为缩小巷道宽度并能保证足够的伸缩行程，货叉机构采用三级直线差动式伸缩货叉，由伸缩货叉（上）、伸缩货叉（中）、固定货叉及导向轮等组成，采用齿轮齿条传动。

4. 机架

机架是堆垛机的主要承载构件，可分为单立柱和双立柱两种结构类型。一般都是由立柱、上横梁和下横梁三大部分组成。

立柱有矩形管及工字钢和钢板焊合的箱形结构两种形式，采用冷拉扁钢作为起升导轨。

上横梁是由钢板焊合或槽钢焊接的开口断面。下横梁有钢板焊接的箱式矩形断面或采用槽钢拼接而成的开口断面两种形式。下横梁、立柱、上横梁间通过法兰、定位销和高强度螺栓副连接。

上横梁上装有定滑轮、上部运行导向轮装置、过载松绳保护装置等；立柱两侧的起升导轨供载货台上下运行导向之用；在立柱上装有起升机构、高度认址检测片、终端限位装置、电控柜及安全梯等；在下横梁上装有水平运行机构、运行认址装置、超速保护装置的限速器等。

整个机架（金属结构）具有重量轻、抗扭、抗弯、刚度大、强度高的特点。

5. 电气控制系统

按电气控制方式，电气控制系统可分为联机自动方式、半自动操作方式、手动操作方式。

联机自动方式是仓储系统正常运行时堆垛机的主要作业方式，控制计算机按照业务流程规划出入库路径，实时向堆垛机下达作业指令，堆垛机自动连续执行取送货动作，并将运行状态、作业过程和完成情况实时反馈给控制计算机。

半自动操作方式是将联机自动方式进行过程分解，可以单步完成如取货、放货、堆垛机运行至巷道内某一货位等作业指令，堆垛机单机运行、发生异常或安装调试时可以使用这种控制方式。

手动操作方式一般在堆垛机安装调试阶段或在管理调度系统发生故障的情况下使用，可以操作堆垛机完成行走、升降、伸缩货叉等单机运动。

第三节　自动导引搬运车（AGV）

河南：从"制造"到"智造"

位于河南省郑煤机智慧园区的结构件数字化工厂，智能制造的"科技范儿"让大家啧啧赞叹。钢板物料"坐"着 AGV 车（自动导向车）从智能料场进入车间，经过自动预处理、激光切割、机器人焊接及检测、自动化喷粉等一系列工艺后，"变身"为大型洗选成套关键装备。

23 条自动生产线、150 台机器人、7 台智能行车、30 台 AGV 车……在这个原生数字化工厂里，整个生产过程既自动又智能，仿佛是一个"机器人的世界"。

"这是河南省第一家数字化'灯塔工厂'，已开始正式生产。"郑煤机集团董事长焦承尧说，数字化支持融入产品设计到服务的全流程，实现了生产效率翻倍、空间利用率提升 50% 以上、制造成本降低 60%、百架生产交付期由 28 天缩短至 9 天。

创新驱动，"智"赢未来。中原大地上，一个个"智造"项目落地投产，成为点燃经济发展的新引擎，不断为高质量发展赋能蓄势。

一、自动导引搬运车（AGV）的概念

自动导引搬运车（AGV），是指装备有电磁或光学等自动导引装置，能够沿规定的导引路径行驶，具有安全保护及各种移载功能的搬运小车。

AGV 作为无人自动导引搬运车，集声、光、电、计算机技术于一体，应用了自控理论和机器人技术，装配有电磁或光学等自动导引装置，能够按照使用人员设定好的导引路径行驶，具备目标识别、避让障碍物和各种移载功能，同时具有自我安全保护的应急能力。

AGV 一般由导向模块、行走模块、导向传感器、微处理器、通信装置、移载装置和蓄电池等构成。微处理器是控制核心，把 AGV 的各部分有机联系在一起，通过通信系统接收地面管理站传来的各种指令，同时不断地把小车的位置信息、运行状况等数据传回地面站，控制整车的运行。AGV 首先要根据模拟工作地图进行编程，然后按照预定程序完成行走轨迹，当传感器检测出的位置信号超出预定轨迹位置时，数字编码器把相应的电压信号送给控制器，由控制器根据位置偏差信号调整电动机转速，进行纠正偏差，从而实现 AGV 行走系统的实时控制。

二、AGV 的分类

AGV 一般可按三种方式来分类，即导引方式、驱动方式和移载方式。

1. 按导引方式分类

AGV按导引方式分类可以分为电磁导引、磁带导引、激光导引、二维码导引、光学导引、视觉导引、惯性导引等类型(图2-39)。

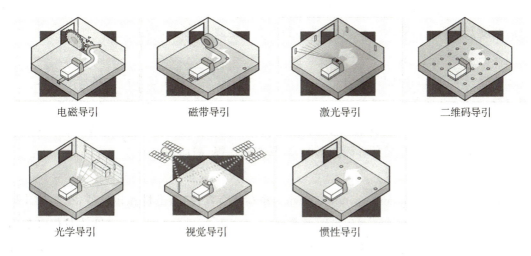

图2-39 按导引方式分类

1)电磁导引

电磁导引是较为传统的导引方式之一,目前仍被许多系统采用。在AGV的行驶路径上埋设金属线,并在金属线上加载导引频率,通过对导引频率的识别来实现AGV的导引。其优点是引线隐蔽,不易污染和破损,导引原理简单可靠,便于控制和通信,对声光无干扰,制造成本较低。缺点是改变或扩充路径较麻烦,导引线铺设相对困难。

2)磁带导引

磁带导引技术与电磁导引相近,用在路面上贴磁带替代在地面下埋设金属线,通过磁感应信号实现导引。其优点是灵活性比较好,改变或扩充路径较容易,磁带铺设也相对简单。缺点是此导引方式易受环路周围金属物质的干扰,由于磁带外露,易被污染,难以避免机械损伤,因此导引的可靠性受外界因素影响较大。适用于环境条件较好,地面无金属物质干扰的场合。

3)激光导引

在AGV行驶路径的周围安装位置精确的激光反射板,AGV发射激光束,同时采集由反射板反射的激光束,来确定其当前的位置和方向,并通过连续的三角几何运算来实现导引。若将激光扫描器更换为红外发射器或超声波发射器,则激光导引式AGV可以变为红外导引式AGV和超声波导引式AGV。其优点是AGV定位精确;地面无需其他定位设施;行驶路径可灵活多变,能够适应多种现场环境,它是目前许多AGV生产厂家优先采用的先进导引方式。缺点是制造成本高,对环境要求相对较高(外界光线、地面要求、能见度要求等)。

4) 二维码导引

地面上布置有二维码进行导航,其地图相当于是一个大号的围棋棋盘,机器人可以到达所有点。优点是 AGV 定位精确,导航灵活性比较好,铺设、改变或扩充路径也较容易,便于控制通信,对声光无干扰。缺点是路径需要定期维护,如果场地复杂,则需要频繁更换二维码,对陀螺仪的精度及使用寿命要求严格,对场地平整度有一定要求,价格较高。

5) 光学导引

光学导引采用光学检测技术引导 AGV 的运行方向,一般是通过在运行路径上铺设一条具有稳定反光率的色带来实现导航的。车上设有光源发射和接收反射光的光电传感器,通过对检测到的信号进行比较,调整车辆的运行方向。其优点是灵活性比较好,改变或扩充路径较容易,铺设相对简单。缺点是易受外界因素影响,容易遭到污损、破坏。

6) 视觉导引

AGV 上装有 CCD(change coupled device,电荷耦合器件)摄像机和传感器,在车载计算机中设置有 AGV 欲行驶路径周围环境图像数据库。AGV 行驶过程中,摄像机动态获取车辆周围环境图像信息并与图像数据库进行比较,从而确定当前位置并对下一步行驶做出决策。其优点是由于不要求人为设置任何物理路径,在理论上具有最佳的引导柔性,随着计算机图像采集、储存和处理技术的飞速发展,该 AGV 的实用性越来越强。缺点是容易受到室内光线的影响。

7) 惯性导引

惯性导引是不依赖外部信息及不易受到干扰的自主式导航系统。AGV 通过测量载体在惯性参考系的加速度,然后自动进行运算,从而获得货物的瞬间加速度和位置等数据,并且将其运用到导航坐标系中,从而得到在导航坐标系中的速度及偏航角位置等数据。其优点在于给定了初始条件后,无需外部参照物就可以确定货物的位置、方向及速度等。缺点是远距离运行时的定位精度较低,一般配合二维码导引和视觉导引等方式运行。适用于各种复杂地理环境和存在外界干扰下的精确定位和定向,而且能够不断测量位置的变化,精确保持动态的精准。

2. 按驱动方式分类

AGV 有不同的驱动方法,主要包括以下四种。

1) 单轮驱动(图 2-40)

单轮驱动用于三轮车型:一个驱动兼转向轮,两个固定从动轮(分布在车体轴线的两边)。这种车型可以前进、后退、左右转弯(转角小于 90°)。因三轮结构的抓地性好,对地表面要求一般,适用于广泛的环境和场合。

2) 差速驱动(图 2-41)

差速驱动一般用于三轮和四轮两种车型:两个固定驱动轮(分布在车体轴线的两边),一个(三轮车型)或两个(四轮车型)从动自由轮,转弯靠两个驱动轮之间的速度差实现。这种车型可以前进、后退、左右转弯(转角大于 90°)、原地自旋,转弯的适应性比单驱动强。若是三轮车型,对地表面的适用性和单驱动类似。若是四轮车型,因容易造成其中某一个轮悬空而影响导航,故对地表面平整度要求苛刻,适用范围受到一定限制。

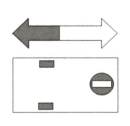 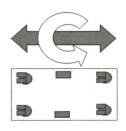

图 2-40　单轮驱动　　　　　　　　　图 2-41　差速驱动

3)双轮驱动

双轮驱动用于四轮车型:两个驱动兼转向轮,两个从动自由轮。这种车型可以前进、后退、全方位(万向)行驶。其突出特点是可以在行驶过程中控制车身姿态的任意变化,适用于狭窄通道或对作业方向有特别要求的环境和场合。缺点和差速驱动的四轮车型类似,对地表面平整度要求苛刻,适用范围受到一定限制;此外,结构复杂,成本较高。

4)多轮驱动

多轮驱动用于八轮车型:四个驱动兼转向轮,四个从动自由轮。这种车型可以前进、后退、全方位行驶。应用于重载行业输送,结构复杂,成本较高。

3. 按移动方式(执行机构)分类

AGV 按移动方式可以分为叉车式、潜伏顶升式、翻盘式、牵引式、背负式、推挽式、龙门式等类型(图 2-42)。

叉车式AGV　　　　潜伏顶升式AGV　　　　翻盘式AGV　　　　牵引式AGV

背负式AGV　　　　推挽式AGV　　　　龙门式AGV

图 2-42　按移载方式分类

1)叉车式 AGV

叉车式有落地叉式、平衡叉式等类型,可以完成托盘及类似物料的平面搬运和堆垛,适用于仓储和生产线上物料自动搬运堆垛。

2)潜伏顶升式 AGV

通过潜入分拣设备或者输送设备下方进行顶升取货,特点是车身薄,可以双向行驶,适用于托盘或货架货物搬运。

3)翻盘式 AGV

翻盘式 AGV 上装有可以翻转的货盘,货物放置在托盘上搬运至指定位置,通过翻盘作业投放到指定地点。其广泛应用于大型配送中心货物分拣。

4)牵引式 AGV

牵引式 AGV 是指不承载或不完全承载搬运对象重量的 AGV。其尾部安装自动或手动脱钩机构,可在 AGV 尾部拖挂物料车进行物料配送,比较灵活,适用于较大批量的货物搬运。

5)背负式 AGV

AGV 背负一个或多个辊筒或链条输送设备,可实现货物在输送线上的衔接,适用于在无人工干预的情况下实现全自动上下物料及托盘货物等。

6)推挽式 AGV

AGV 双侧向移动伸臂推拉托盘货物,托盘在辊道上滚动,可实现在同高站台之间的货物搬运。这种 AGV 作业效率高,站台不需要动力,适合多站台之间的货物搬运。

7)龙门式 AGV

龙门式 AGV 有龙门式框架结构,单侧面落地移动铲叉,转向灵活,适用于有不同高度要求的货位之间的货物装卸。

AGV 在物流行业中的应用

从物流自动化需求领域看,汽车、家电、3C 电子、电商快递、烟草等行业是我国 AGV 应用最广泛的领域,其中汽车行业、家电制造等生产制造物流领域仍是 AGV 主要需求市场。

1. 工厂内部物流

工厂内部物流的物料搬运是 AGV 最早的工作场景之一。在许多工厂生产车间或者仓库里,需要重复性搬运物料、产品或托盘,因而 AGV 就有了"用武之地"。在这些工作中,AGV 的基本功能是从 A 点到 B、C、D 点间的往复输送,以节省人工与时间成本,并提升搬运效率。

2. 电商分拣

分拣工作是电商物流较复杂的环节,往往人工工时耗费多。为此,亚马逊最早将机器人应用于订单拣选过程中,只需机器人操作系统选定进行分拣包装的产品类型,下达命令后,机器人能够通过最优路线找到其所需产品所在的货架,然后将货架整体移动到工作人员所在的工作台,方便工作人员进行扫码分拣包装工作,有效提升分拣效率。

目前,国内各大电商及快递公司的大型仓库也采用了 AGV 机器人辅助分拣方式。此前采用人工分拣,仓储中心需配备大量的员工,而且分拣效率难以提高,而应用了 AGV 机器人后,大幅削减了人工成本,提高了分拣效率。未来仓储物流领域将是 AGV 的主要应用场景之一,AGV 也将在分拣、运输及仓储等领域进一步升级,持续提升工作效率。

第四节　搬运机械臂

一、搬运机械臂的概念

自 1959 年英格伯格和德沃尔设计出了世界上第一台真正实用的工业机器人"尤尼梅特"(图 2-43)以来,工业机器人已有 60 余年发展历程,其自动化、智能化程度越来越高。

图 2-43　尤尼梅特机器人

对于工业机器人概念的界定,美国机器人协会(RIA)认为:工业机器人是一种用于移动各种材料、零件、工具或专用装置的,通过程序动作来执行各种任务,并具有编程能力的多功能操作机(Manipulator)。国际标准化组织(ISO)对工业机器人的定义:工业机器人是一种具有自动控制的操作和移动功能,能完成各种作业的可编程操作机。我国科学家对机器人的定义:机器人是一种自动化的机器,这种机器具备一些与人或生物相似的智能能力,如感知能力、规划能力、动作能力和协同能力,是一种具有高度灵活性的自动化机器。

判断一个机器设备是否为机器人,通常考虑三大特征:一是拟人功能,在机械结构上有类似人的大臂、小臂、手腕、手指等部分,在控制上有计算机,还有许多类似人类的"生物传感器";二是可编程,能够根据需要编程调整设备工作状态,产品换型时,只需通过改变相应程序,便可适应新产品,具备高度柔性;三是通用性,可以在无人参与的情况下,自动完成多种操作或动作功能。

搬运机械臂,也可称之为搬运机械手、搬运机器人(图2-44),是用于物流搬运领域的工业机器人,其具有和人类手臂相似的构造,或者与人类手臂有许多相似的能力,可以由人类给定一些指令,按给定程序、轨迹和要求实现自动抓取、搬运和操作。

图2-44 搬运机械手

搬运机械臂广泛适用于电子、食品、饮料、烟酒等行业的纸箱包装产品和热收缩膜产品码垛、堆垛作业,特别是在高温、高压、多粉尘、易燃、易爆、放射性等恶劣环境中,以及笨重、单调、频繁的操作中代替人作业,能够使人从繁重工作中解放出来,提升工作效率。

二、搬运机械臂的分类

根据动作形态的不同,搬运机械臂可分为直角坐标型、圆柱坐标型、极坐标型、多关节型、并联型等类型。

1. 直角坐标型

直角坐标型机械臂(图2-45)在全世界范围内是较为普遍的一种,由于它的结构比较简单,而且有较高的稳定性,并且它的运动方式很简单,不会轻易发生动作错误的情况,在焊接、搬运和喷涂等较为简单的工作中得到了比较广泛的使用。

这种机械臂有较为明显的不足之处,即它的整体尺寸较大,在生产现场会占用较大的空间,有效的工作范围却比较小,在灵活性、柔软性和通用性上还不是很有优势。

2. 圆柱坐标型

圆柱坐标型机械臂(图2-46)的活动范围比较广,运动耦合性较弱,控制也较简单,运动灵活性稍好。但自身占据空间也较大。在生产和物流现场主要负责对工作对象小范围的搬运工作。

图 2-45　直角坐标型机器人　　　　图 2-46　圆柱坐标型机器人

3. 极坐标型

极坐标型机械臂（图 2-47）有突出的优点，即本体结构的自由度较多，可以在工作时实现两个旋转和一个伸缩运动，这样就使机械臂在本体占用空间较小的情况下还能实现大范围的动作。但也是由于需要经过坐标变换计算和工作对象的位姿控制操作，所以控制方式较为复杂。

4. 多关节型

多关节型机械臂（图 2-48）在性能方面是最强大、最全面的，它由多个关节组合而成，所以在动作范围上很广，而且可以实现通过多种运动轨迹来达到目标位置，这可以使机械臂适应不同的工作环境，而且可以适应多变的工作任务。

然而这种机械臂也是需要经过坐标变换计算和工作对象的位姿控制操作的，虽然这会导致控制方式复杂，从而控制难度变大，但因为它有着动作迅速、通用性较高、设计动作轨迹较为自由等突出的优点，并且此类机械臂与人类手臂构造最为相似，因此，这类机械臂是当前国内外发展的重点。

在现在的实际生产与物流运作中，连续路径弧焊、装配、喷漆、搬运、码垛、装箱等灵活性要求较高的工作对于多关节型机械臂的应用较多。

5. 并联型

并联机械臂是一种动平台和定平台通过至少两个独立的运动链相连接，机构具有两个或两个以上自由度，且以并联方式驱动的一种闭环机构，如图 2-49 所示。主要应用于物流搬运领域，具有良好的工作效率和搬运精度，能够满足大批量集中订单的分拣搬运工作。

图2-47　极坐标型机器人　　　图2-48　多关节型机器人　　　图2-49　并联型机器人

并联机械臂的特点：无累积误差，精度较高；驱动装置可置于定平台或接近定平台的位置，这样运动部分重量轻、速度高、动态响应好；结构紧凑、刚度高、承载能力大；完全对称的并联机构具有较好的各向同性；工作空间较小。

三、搬运机械臂的结构组成

搬运机械臂由执行机构、传动装置、驱动装置、控制系统、感知系统五个部分组成。

1. 执行机构

搬运机械臂执行机构是机械臂本体的基本构件，主要包括手部、腕部、臂部、腰部、基座等部分，如图2-50所示。

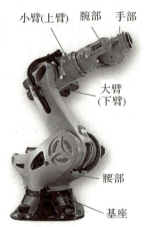

图2-50　机械臂本体的基本构件

1）手部

手部又称末端执行器，是机械臂直接进行工作的部分，可以是各种夹持器。主要有夹钳式取料手、吸附式取料手、拟手指式取料手、夹持圆柱形物料的机械式夹持器等类型，如图2-51所示。

图 2-51　搬运机械臂手部夹持器样式

2）腕部

手腕是连接末端执行器和手臂的部件,可以通过手腕调整或改变工件的方位,它具有独立的自由度,以便机械臂末端执行器适应复杂的动作要求。手腕一般需要3个自由度,由3个回转关节组合而成。主要功能是带动手部完成预定姿态,是机械臂中结构最为复杂的部分。3自由度手腕能使手部摆成任意姿态,图2-52显示了3自由度手腕的几种结合方式。

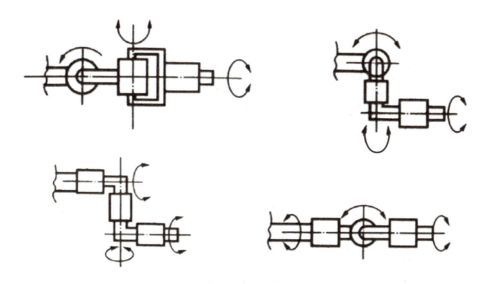

图 2-52　腕部(3自由度)结合方式

3）臂部

臂部用以连接腰部和腕部,通常由两个臂杆(小臂和大臂)组成,带动腕部做平面运动。

4）腰部

腰部是连接臂和基座的部件，通常是回转部件，腰部的回转运动再加上臂部的平面运动，能使胸部作空间运动。腰部是执行机构的关键部件，它的创造误差、运动精度和平稳性，对机器人的定位精度有决定性的影响。

5）基座

基座是整个机械臂的支持部分，部件必须具有足够的刚度和稳定性。

2. 传动装置

传动装置即机械臂的关节，在机械臂机械系统（本体）中，执行机构各构件间通过关节连接在一起，并可以相对运动。

机械臂一般有两种运动关节，转动关节和移（直）动关节，由驱动装置通过联轴器带动传动装置（一般为减速器），再通过关节轴带动杆件运动。在大多数情况下，机械臂中一个关节提供一个自由度，未来可能有多个运动自由度的关节。

3. 驱动装置

机械臂驱动装置主要包括电动驱动器、液压驱动器、气动驱动器三种类型。

1）电动驱动器

电动驱动器的能源简单，速度变化范围大，效率高，转动惯性小，速度和位置精度都很高，但它们多与减速装置相连，直接驱动比较困难。

电动驱动器的类型主要包括直流伺服电动机（又分有刷电动机和无刷电动机）、交流伺服电动机、步进电动机、舵机和力矩电动机（图2-53）。

直流伺服电动机

交流伺服电动机

步进电动机

舵机

力矩电动机

图2-53 电动驱动器类型

2)液压驱动器

液压驱动器的优点是功率大,可省去减速装置而直接与被驱动的杆件相连,结构紧凑、刚度好、响应快,伺服驱动具有较高的精度。但需要增设液压源,易产生液体泄漏,不适合高、低温及有洁净要求的场合。故液压驱动器目前多用于特大功率的机器人系统或机器人化工机械。

液压驱动器的类型包括液压缸和液压马达(又分为回转马达和摆动马达),如图 2-54 所示。

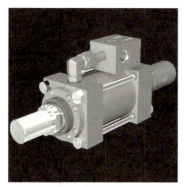
液压缸

液压马达

图 2-54　液压驱动器类型

3)气动驱动器

气动驱动器的结构简单、动作灵敏、具有缓冲作用。但也需要增设气压源,且与液压驱动器相比,功率较小、刚度差、噪声大、速度不易控制,所以多用于精度不高,但有洁净、防爆等要求的点位控制机器人。

气动驱动器的类型包括气缸和气动马达(又分为回转马达和摆动马达),如图 2-55 所示。

气缸

气动马达

图 2-55　气动驱动器类型

4. 控制系统

控制系统包括控制柜(电源模块、中央处理器、接口模块、数字量模块、模拟量模块、位置控制模块、通信模块等)、伺服系统(伺服电动机、伺服电动机驱动器、编码器)、示教器、PC、人机交互设备(触摸屏等)、现场数字量输出设备及安防系统。

机械臂控制系统工作原理主要包括示教、计算、伺服驱动、反馈四个步骤,基本原理如图2-56所示。

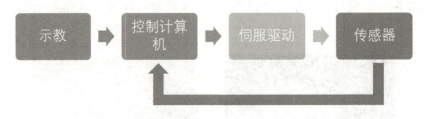

图 2-56 机械臂控制基本原理图

5. 感知系统

机械臂的感知系统主要用于控制机械臂执行机构的运动位置,并随时将执行机构的实际位置反馈给控制系统,并与设定的位置进行比较,然后通过控制系统进行调整,从而使执行机构以一定的精度达到设定位置。

感知系统实时监测机械臂的运动及工作情况,根据需要反馈给控制系统,与设定信息进行比较后,对执行机构进行调整,以保证机械臂的动作符合预定的要求。

结合对本市物流企业智慧运作场景的调查,讨论智慧装卸搬运装备在物流装卸搬运领域的主要应用场景有哪些?

_____

_____

_____

机械臂的发展趋势

向轻型化、柔性化发展提速

当前,机械臂的应用场景愈加广泛,苛刻的生产环境对机器人的体积、重量、灵活度等提出了更高的要求。与此同时,随着研发水平不断提升、工艺设计不断创新,以及新材料相继投入使用,机械臂正向着小型化、轻型化、柔性化的方向发展,类人精细化操作能力不断增强。

人机协作成为重要发展方向

随着机械臂易用性、稳定性及智能水平的不断提升,机械臂的应用领域逐渐拓展,人机协作正在成为机械臂研发的重要方向。

传统机械臂必须远离人类,放在保护围栏或者其他屏障之后,以免人类受到伤害,这极大地限制了机械臂的应用效果。人机协作将人的认知能力与机器人的效率结合在一起,从而使人可以安全、简便地使用机械臂。

工业互联网成布局重点

随着新一代信息技术与制造业进一步加速融合,制造业愈加显著地表现出网络化、智能化的前沿发展趋势,机器人龙头企业纷纷落子工业互联网。

任务四 智慧分拣输送装备

任务目标

(1) 掌握智慧分拣输送装备的概念与特征;
(2) 掌握各类分拣输送装置的特点;
(3) 理解带式输送机、链式输送机的结构组成;
(4) 掌握分拣、拣选装置的特点。

任务描述

通过学习智慧分拣输送装备,掌握智慧分拣输送装备的概念,能区分其与传统分拣输送装备的区别;能识别各类输送、分拣、拣选装置。

任务准备

(1) 查找各类输送装置的图片和视频;
(2) 查找各类拣选装置的图片和视频。

第一节 智慧分拣输送装备概述

任务实施

一、智慧分拣输送装备的概念

分拣输送装备是物流运行过程中用于完成货品输送和分拣工作的设备工具,主要包括输送装备和分拣装备。

1. 输送装备

输送是指使用设备工具在一定的线路上连续不断地沿同一方向输送的物料搬运方式。区别于一般性的搬运活动，输送通常是指连续性的搬运活动。

连续输送装备也称输送机，是以连续的方式沿着一定的路线从装货点到卸货点均匀输送货物的机械设备。

输送机在一个区间内能连续搬运大量货物，搬运成本非常低廉，搬运时间比较精确，货流稳定，因此，广泛用于现代物流系统中。从国内外大量自动化立体仓库、物流配送中心、大型货场来看，其设备除了起重机械之外，大部分都是由连续输送机组成的搬运系统，如进出库输送机系统、自动分拣输送机系统、自动装卸输送机系统等。

2. 分拣装备

商品在从生产企业流向顾客的过程中，总是随着商品数量和商品集合状态的变化而变化。因此，有必要将集装化的货物单元解体，重新分类，形成新的供货单元。

分拣就是根据顾客的要求，迅速、准确地将货物从其储位拣取出来，并按照一定的方式进行分类、集中，等待配装送货的作业过程。分拣输送装备，是按照订单需求对物品进行分拣，并将分拣出的物品送达指定位置的机械设备。

分拣对物流的各环节都起到了非常关键的作用。例如，在物流配送作业的各环节中，50%的人力劳动直接与拣货作业相关，30%～40%的工作时间也将消耗在拣货工作中，企业在拣货作业方面的人工支出成本占到物流配送中心总成本的15%～20%。

按照分拣手段的不同，可以将其分为人工分拣、机械分拣和自动分拣三大类。

人工分拣基本上靠人力搬运，或者可以利用最简单的器具和手推车等，这种分拣方式劳动强度非常大，但是分拣的效率却非常低。

机械分拣是指利用机械（如输送机）作为主要的输送工具，通过在各分拣位置配备作业人员进行分拣的方式，这种分拣方式投资不多，也可以在一定程度上减轻劳动强度，提高分拣的效率。

自动分拣则是指货物从进入分拣系统到到达指定的位置为止，所有的作业均是按照计算机的指令自动完成的。因此，这种分拣方式的分拣处理能力相当强，分拣的货物品种和数量也非常大，如图2-57所示。

随着智能技术的深入应用，自动分拣装置已逐渐具备了智能识别、智能决策、智能调整、智能控制等功能，向智慧分拣装置发展。

图 2-57 自动分拣

3. 智慧分拣输送装备

现代物流运作过程中,输送装备和分拣装备往往结合使用,共同完成货物出入库和拣选工作,同时在智能技术的支持下,形成智慧分拣输送装备系统。

智慧分拣输送装备,是运用信息感知、自动识别、智能控制技术,根据计算机指令或进行自主判断,实现物流分拣输送自动化、智能化运作的机械设备。

智慧分拣输送装备系统能够充分发挥速度快、流向多、效率高、差错率低和基本实现智能化、无人化作业的优势,目前已在国内外大多数大型配送中心应用。

二、智慧分拣输送装备系统的基本构成

智慧分拣输送装备系统应用大量传感器、控制器和执行器,能够自动完成货品的进出库、装卸、分类、分拣、识别、计量等工作,在现代物流运作中具有十分重要的作用,是生产制造和物流运作过程中,组成机械化、连续化、自动化、智能化流水作业线不可缺少的组成部分,是自动化仓库、配送中心、大型货场的生命线。

智慧分拣输送装备系统一般由自动控制和计算机管理系统、自动识别装置、自动分拣装置、主输送装置、前处理设备及分拣道口组成(图 2-58)。

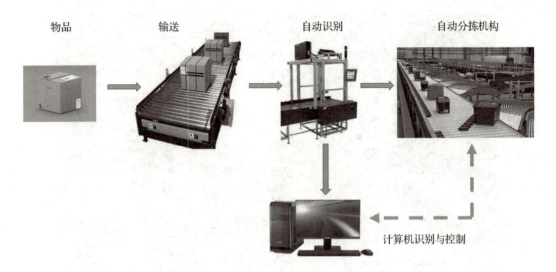

图 2-58 智慧分拣输送装备系统的基本构成

1. 自动控制和计算机管理系统

自动控制和计算机管理系统是整个自动分拣的控制和指挥中心,分拣输送系统各部件的一切动作均由控制系统决定。其作用是识别、接收和处理分拣输送信号,根据分拣输送信号指示输送机构运行,指挥分类机构按一定的规则(如品种、地点等)对货物进行自动分类,从而决定货物的流向。

分拣输送信号的来源可通过条码扫描、键盘输入、质量检测、语音识别、高度检测及形状识别等方式获取,经信息处理后,转换成相应的输送单、拣货单、入库单或电子拣货信号,完成自动分拣作业。

2. 自动识别装置

自动识别装置是物料能够实现自动分拣的基础系统。在物流配送中心,广泛采用的自动识别系统是条码自动识别系统和无线射频系统。

自动识别系统的光电扫描器安装在分拣机的不同位置,当物料在扫描器可见范围时,自动读取物料上的条码信息,经过对码软件即可翻译成条码所表示的物料信息,同时感知物料在分拣机上的位置信息,这些信息自动传输到后台计算机管理系统。

3. 自动分拣装置

自动分拣装置将自动识别后的物料放置到分拣机主输送线,然后通过分类机构把物料分流到指定的位置。

分类机构是分拣系统的核心设备。主要包括挡板式分拣机、滑块式分拣机、浮出式分拣机、倾斜式分拣机、托盘式分拣机、悬挂式分拣机、滚柱式分拣机、分拣机器人等。

4. 主输送装置

主输送装置的作用是将物料输送到相应的分拣道口,以便进行后续作业,主要由各类输送机械组成,又称主输送线。主要包括带式输送机、链式输送机、辊子输送机、垂直输送机等。

5. 前处理设备

前处理设备是指分拣系统向主输送装置输送分拣物料的进给台及其他辅助性的运输机和作业台等。

进给台的功能有两个:一个是操作人员利用输入装置将各个分拣物料的目的地址送入分拣系统,作为物料的分拣作业指令;二是控制分拣物料进入主输送装置的时间和速度,保证分类机构能准确进行分拣。

6. 分拣道口

分拣道口也称分流输送线,是将物料脱离主输送线使之进入相应集货区的通道。滑道一般由钢带、传送带、滚筒等组成,使物料从输送装置滑入缓冲工作台,然后进行入库上架作业或配货工作。

智慧分拣输送装备系统的发展趋势

随着我国电商的快速发展和相关应用技术的不断成熟,对电商快递自动化系统装备的需求集中爆发。预计未来,我国对以交叉带式分拣机为主的高速智慧分拣系统需求量将大幅上升,智慧分拣输送装备系统市场前景广阔。结合技术发展与市场应用,未来智慧分拣输送装备系统的发展方向总体如下。

1. 技术向智能化、数字物联化方向发展

机器视觉识别与信息技术及深度学习技术的不断升级,可以更加智能、高效地采集物流系统数据,让高速智能分拣成为可能。以交叉带分拣机为代表的分拣装备随着新技术的迭代趋于成熟,同时物联网技术及 5G 技术的发展,实现了物流设备系统的远程监控与维护,大大提升了自动输送分拣系统的可用性、利用率及运维效率。云平台的诞生催生了大数据,为"互联网+""智能+"和机器深度学习的发展提供了基础,大幅提升了设备运作效率,并为设备智能化提供了发展基础。

2. 产品向标准化、模块平台化方向发展

智慧分拣输送装备系统是一种集光、机、电、信息技术为一体的现代化装备,它包含了存储系统、零拣系统、复核打包系统、集/合单系统、路径分拣系统、机器视觉识别系统、人机交互系统、信息管理系统等系统。物流分拣装备受制于客户需求、场地限制等因素,目前以定制化为

主,要求在定制化基础上保证产品质量,同时实现大批量生产,这必须通过产品的标准化、模块化实现。产品的标准化、模块化、平台化是实现大规模制造的基础,可实现降本增效,可以更好地保证产品品质的稳定。

3. 应用向产业化、细分化方向发展

由于不同行业对智慧分拣输送装备的需求存在较大差异,因此物流装备企业需要熟悉不同行业客户特点、业务流程特点、工艺要求和技术特点,熟悉客户所处行业和现代物流技术发展的最新趋势,客观分析客户自身的经济条件和管理水平,提供最为适合的系统,更好地满足客户的个性化需求。

从我国快递企业的自动化物流系统需求及业务发展来看,当前分拨中心及网点级的分拣系统从客户的应用角度而言只是解决了以卸车为起点的小件分拣业务需求,其他如大件分拣的需求同样旺盛,但受限于大件自动分拣技术的瓶颈而尚未产生爆发性增长,因而未来自动分拣系统的应用需求将随着客户需求与业务形态变化向细分化方向发展,即小件分拣和大件分拣两大类别,同时朝向以传统输送分拣设备为主的自动化分拣系统和以智能AGV、机器人设备为主的柔性分拣系统两大方向发展。

4. 系统向无人化方向发展

人口红利的消失与用工成本的上升,将逐步推动各个行业向无人化发展。智能技术、机器人技术、无线通信技术、大数据云平台、类人仿真技术、传感技术、微型控制技术、5G技术等新兴技术的不断发展与突破,催生了黑灯工厂、无人仓的产生。随着自动装卸技术、自动多件分离技术、自动装袋换袋技术、六面高速物品信息自动识别技术、超级电容技术等取得突破,集合系统低功耗技术、免维护技术,包括智慧分拣输送装备系统在内的仓配中心、分拨中心将整体向无人化方向发展。

第二节 主输送装置

任务导读

输送机有多种分类形式:按照输送介质,可分为带式输送机、链式输送机、辊子输送机等;按照输送机所处位置,可分为地面输送机、空中输送机和地下输送机;按照结构特点,可分为具有挠性牵引构件的输送机和无挠性牵引构件的输送机;按照安装方式,可分为固定式输送机和移动式输送机;按照输送的货物种类,可分为输送件货输送机和输送散货输送机;按照输送货物的动力形式,可分为机械式输送机、惯性式输送机、气力式输送机、液力式输送机等。

一、带式输送机

1. 基本概念

带式输送机是以输送带作为牵引和承载构件,通过承载物料的输送带的运动进行物料输送的连续输送设备(图2-59)。

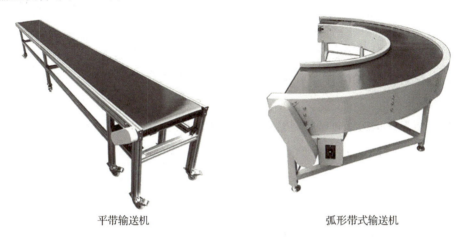

平带输送机　　　　　　　　　弧形带式输送机

图2-59　带式输送机

带式输送机是连续输送机中效率最高,使用最普遍的一种机型,广泛适用于采矿、冶金、家电、电子、电器、机械、烟草、注塑、邮电、印刷、食品等各行业,主要用于在水平和倾斜(倾角不大)方向输送大量散粒物料或中小型成件物品。

2. 主要特点

1)输送物料种类广泛

输送物料的范围可以从很细的各种物料到大块的岩石、石块、煤或纸浆木料,还能以最小的落差输送精细筛分过的或易碎的物料。由于橡胶输送带有较好的抗腐蚀性,在输送强腐蚀性或强磨损性物料时维修费用较低。带式输送机还可以输送黏性物料和有一定温度的热料,也可以输送成件物品。

2)输送能力范围宽

带式输送机的输送能力可以满足任何要求的输送任务,既有轻型带式输送机完成输送量较小的输送任务,又有大型带式输送机实现每小时数千吨甚至上万吨的输送任务。

3)输送线路的适应性强

输送机线路可以适应地形,在空间和水平面上弯曲,从而降低基建投资,并能避免场内干扰物和其他拥挤地区,如铁路、公路、山脉及河流的干扰。带式输送机的输送线路是十分灵活的,线路长度可根据需要延长。

4) 灵活的装卸料

带式输送机可以根据工艺流程的要求灵活地从一点或多点受料,也可以向多点或几个区段卸料。

5) 可靠性强

带式输送机的可靠性也为所有工业领域的使用经验所证实,它的运行极为可靠,在许多需要连续运行的重要生产单位使用,如发电厂内煤的输送、钢铁厂和水泥厂散料的输送等。

6) 安全性高

带式输送机具有很高的安全性,需要的生产人员很少,与其他运输方式相比,发生事故的可能性较低,不会因为大块物料掉下来砸伤人员或由于大型笨重的车辆操纵失灵而引起事故。

7) 费用低

带式输送机系统运送每吨散状物料所需的劳动工时的能耗,在所有运输散状物料的工具中通常是最低的,而且它所占用的维护人员的时间少,部分零件的维护和更换可在现场快速完成,维护费用低。

3. 结构组成

工作原理:输送带既是承载货物的构件,又是传递牵引力的牵引构件,依靠输送带与滚筒之间的摩擦力平衡地进行驱动。

典型的带式输送机的结构如图2-60所示。

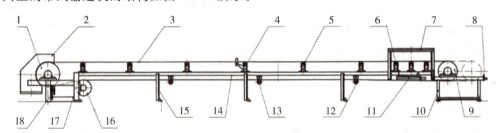

1—传动滚筒;2—头罩;3—输送带;4—槽形调心托辊;5—槽形托辊;6—缓冲托辊;7—导料槽;8—螺旋拉紧装置;9—改向滚筒;10—尾架;11—空段清扫器;12—下平调心托辊;13—下托辊;14—中间架;15—中间支腿;16—改向滚筒;17—头架;18—弹簧清扫器。

图2-80 带式输送机构结构示意图

1) 输送带

输送带传递牵引力和承载被运货物,要求具有较高的强度,较好的耐磨性和较小的伸长率等。

2) 支承托辊

支承托辊的作用是支承输送带和被运物料,减少输送带的垂度,使其能够稳定运行,包括上托辊和下托辊。托辊的维修或更换费用是带式输送机营运费用的重要组成部分。为了减少托辊对输送带的运动阻力，必须注意托辊两端滚动轴承的密封和润滑，以保证托辊转动灵活，并延长托辊的使用寿命。

3）驱动装置

驱动装置的作用是将动力（牵引力）传给滚筒及输送带，使其能承载并运行。

通用固定式和功率较小的带式输送机一般采用单滚筒驱动，即电动机通过减速器和联轴器带动一个驱动滚筒运转。电动机一般采用封闭式笼形电动机，当功率较大时，可配以液力耦合器或粉末联轴器，使其平稳启动。

长距离生产率高的带式输送机可采用多滚筒驱动，大功率电动机可采用绕线式电动机，便于调控，使长距离带式输送机平稳启动。

4）改向装置

改向装置用于改变输送方向，有改向滚筒和改向托辊组两种。改向滚筒适用于带式输送机的平行托辊区段；改向托辊组是若干沿所需半径弧线布置的支承托辊，用在输送带弯曲的曲率半径较大处，或用在槽形托辊区段，使输送带在改向处仍能保持槽形的横断面。

5）制动装置

在倾斜布置的输送机中，为防止其停车时，在输送货物的重力作用下，发生倒转情况，需装设制动装置。

制动装置有滚柱逆止器、带式逆止器、电磁瓦块式或液压电磁式制动器。

6）张紧装置

张紧装置使输送带保持必要的初张力，保证输送带与支承托辊之间有足够的摩擦力。张紧装置的主要结构形式有螺旋式、小车重锤式、垂直重锤式3种。

7）装载装置

装载装置的作用是对输送带均匀装载，防止物料在装载时落在输送机外面，并尽量减少物料对输送带的冲击和磨损。物料在下滑到输送带上时，应保持尽可能小的法向分速度（相对于带面）和尽量接近于带速的切向分速度。

8）卸载装置

带式输送机可在输送机端部卸料，也可在中间卸料，前者物料直接从滚筒处抛卸，后者可采用自动分拣装置、卸载挡板或卸载小车卸料。

9）清扫装置

清扫装置用于清扫黏附于输送带上的物料。常用的清扫装置有弹簧清扫器和犁形刮板。

二、链式输送机

1. 基本概念

链式输送机是利用链条牵引、承载，或由链条上安装的板条、金属网带、辊道等承载物料的输送机(图 2-61)。

网带式链条输送机

循环链条输送机

链式转盘输送机

图 2-61 链式输送机

链式输送机的主要功能元件是输送链,输送链既有传递动力的功能,又有承载能力。由于输送链链条的结构可以千变万化,所以链式输送机能适用于众多的工作环境和众多的使用要求。

2. 主要特点

1)输送物品的多样性

链式输送机几乎可以输送所有类型的物品:散料,如面粉、水泥、灰粉、煤炭和矿石等;小件物品,如电子元器件、机械零件、罐装和瓶装物品等;大件货物,如整件家电、各种整机、各种箱装件货等。以物品重量来说,小到几克的电子元器件,大到 10 吨以上的件货均可用链条来输送。

2)苛刻输送环境的适应性

链式输送机几乎可在各种苛刻环境下正常工作,低温、高温、多粉尘、有毒介质、有腐蚀介质及粗暴装载等各种工况都可适应。所以在低温的冷库、高温的烘干线、粗暴装载的林场、多粉尘的水泥厂及设备涂装线均可使用链式输送机。

3)输送物品流向的任意性

链式输送机不仅可以实现水平、垂直和倾斜输送,还可以根据工场环境条件,不需多机组合,即可进行起伏迂回的输送;不仅可以实现直线输送,还可以进行环形输送,使输送物品的流向有最大的任意性。

4)工作时具有运载准确性和稳定性

链式输送机是通过驱动链轮与链条啮合使链条实现运行的,所以,不像带传动那样会存在弹性滑动,能保证输送速度的正确、稳定和精确。因此,在自动化生产过程中常利用这一特点来控制生产流水线的节拍。

5)寿命长、效率高

输送机的寿命与效率取决于输送元件。链式输送机的输送元件是输送链条,输送链条的组成元件虽然也会采用各种性能的材料来制造,但主要还是选用金属材料。输送链具有强度高、寿命长的特点。再加上链条与链轮是啮合传动,链条铰链内部的摩擦阻力较小,所以链式输送机具有寿命长、效率高的特点。

3. 结构组成

链式输送机的工作原理:用绕过若干链轮的无端链条做牵引构件,由驱动链轮通过齿轮与链节的啮合将圆周牵引力传递给链条,在链条上或一定的工作构件上输送货物,如图2-62所示。

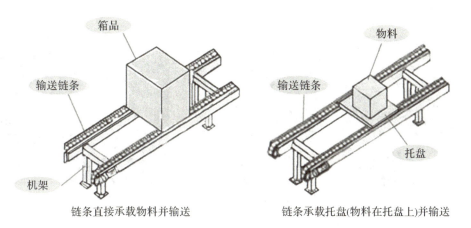

链条直接承载物料并输送　　　　链条承载托盘(物料在托盘上)并输送

图2-62　链式输送机工作原理示意图

链式输送机品种繁多,有些结构还比较复杂,但基本上由以下结构部件组成。

1)原动机

原动机是输送机的动力来源,一般都选用交流电动机或交流调速电动机。

2)驱动装置

驱动装置,又称为驱动站。通过驱动装置将电动机与输送机头轴连接起来,驱动装置的组成取决于要实现的功能,通常驱动装置可实现降低速度、机械调速和安全保护。

3)线体

链式输送机的线体是直接实现输送功能的关键部件。它主要由输送链条、附件、链轮、头轴、尾轴、轨道、支架等部分组成。

4)张紧装置

张紧装置用来拉紧尾轴,其作用是保持输送链条在一定的张紧状态下运行,消除因链条松弛使链式输送机运行时出现跳动、振动和异常噪声等现象。

当输送链条因磨损而伸长时,通过张紧装置补偿,保持链条的预紧度。张紧装置有重锤张紧与弹簧张紧两种补偿方法,张紧装置应安装于链式输送机线路中张力最小的部位。

5)电控装置

电控装置对单台链式输送机来说,其主要功能是控制驱动装置,使链条按要求的规律运行。

但在由输送机组成的生产自动线,除了一般的控制输送机速度外,还需完成双(多)机驱动的同步、信号采集、信号传递、故障诊断等使链条自动生产线满足生产工艺要求的各种功能。

三、辊子输送机

1. 基本概念

辊子输送机是由一系列以一定的间距排列的辊子组成的用于输送成件货物或托盘货物的连续输送设备(图 2-63)。

直线式自由辊子输送机

曲线式自由辊子输送机

链条驱动直线辊子输送机

伸缩辊子输送机

图 2-63 辊子输送机

辊子输送机是一种用途十分广泛的连续输送设备。特别是由辊子输送机组成的生产线和装配线越来越广泛地应用在机械加工、冶金、建材、军事工业、化工、医药、轻工、食品、邮电及仓库和物资分配中心等各个行业。辊子输送机是各个行业提高生产率、减轻劳动强度和组成自动化生产线的必备设备。

2. 主要特点

(1)布置灵活,易于分段与连接,根据现场需要,形成直线、圆弧、水平、倾斜、分支、合流等区段及辅助装置,组成开式、闭式、平面、立体等各种形式的输送线路。

(2)功能形式多样,可以按重力式、动力式、积放式等多种输送方式输送或积存物品,能够在输送过程中升降、移动、翻转物品,并结合辅助装置,按直角、平行、上下等方式实现物品在辊子输送机之间或辊子输送机与其他输送设备之间的转运。

(3)便于和工艺设备衔接配套,衔接方式简易紧凑,有时可以直接作为工艺设备的物料输入和输出段。辊子间的空隙部位便于布置各种装置和设备。

(4)物品输送平稳,停靠精确,便于对输送过程中的物品进行加工、装配、试验、分拣、包装等各种工艺性操作,对输送过程易于实现自动控制。

四、垂直输送机

1. 基本概念

垂直输送机可以连续地垂直输送物料,使不同高度上的连续输送机保持不间断的物料输送。可以理解为,垂直输送机是把不同楼层间的输送机系统连接成一个更大的连续的输送机系统的重要设备(图2-64)。

垂直输送机

螺旋式垂直输送机

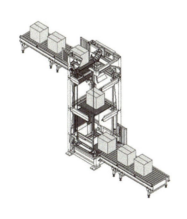
Z形垂直输送机

C形垂直输送机

图 2-64 垂直输送机

2. 主要特点

(1)结构紧凑,占地面积小,便于工艺布置。

(2)可实现货品在不同楼层间的连续不间断输送。

(3)安全可靠,易于维护,运行费用低廉,有效降低输送成本。

(4)货品可向上输送,也可向下输送。

比较分析带式输送机、链式输送机、辊子输送机的特点及适用场景,并填写分析的结果。

名　　称	特　　点	使用场景
带式输送机		
链式输送机		
辊子输送机		

第三节　自动分拣、拣选装置

自动分拣装置主要根据用户的要求、场地情况,对货品按用户、地名、品名等进行自动分拣连续作业。自动分拣装置是物流中心进行货品输送分拣的关键设备之一,通过应用分拣系统可实现物流中心准确、快捷的工作。

任务实施

一、分拣装置

1. 挡板式分拣机

挡板式分拣机利用一个挡板(挡臂)挡住在输送机上向前移动的商品,将商品引导到一侧的滑道排出。将挡板一端作为支点,可使商品旋转。挡板动作时,挡住商品向前移动,利用输送机对商品的摩擦力推动,使商品沿着挡板表面移动,从主输送机上排出至滑道。平时挡板处于主输送机一侧,可让商品继续前移;如挡板作横向移动或旋转,则商品就排向滑道,如图 2-65 所示。

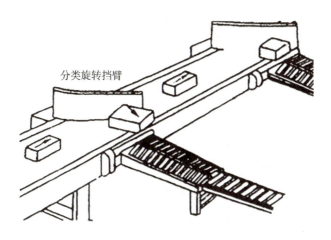

图 2-65 挡板式分拣机

2. 滑块式分拣机

滑块式分拣机(图 2-66)是一种特殊形式的条板输送机。输送机的表面用金属条板或管子构成,如竹席状,而在每个条板或管子上有一枚用硬质材料制成的导向滑块,能沿条板作横向滑动。平时滑块停止在输送机的侧边,滑块的下部有销子与条板下导向杆联结,通过计算机控制,当被分拣的货物到达指定道口时,控制器使导向滑块有序地自动向输送机的对面一侧滑动,把货物推入分拣道口,从而将商品引出主输送机。使用这种方式将商品侧向逐渐推出,并不冲击商品,故商品不容易损伤,它对分拣商品的形状和大小适用范围较广,是目前国内外应用的一种新型高速分拣机。

图 2-66　滑块式分拣机

3. 浮出式分拣机

浮出式分拣机（图 2-67）是把商品从主输送机上托起，从而将商品引导出主输送机的一种结构形式。从引离主输送机的方向看，一种是引出方向与主输送机构成直角；另一种是呈一定夹角（通常是 30°～45°）。一般前者比后者的工作效率低，且对商品容易产生较大的冲击力。浮出式分拣机大致分为胶带浮出式和辊筒浮出式两种形式。

图 2-67　浮出式分拣机

4. 倾斜式分拣机

(1) 条板倾斜式分拣机

这是一种特殊型的条板输送机,商品装载在输送机的条板上,当商品行走到需要分拣的位置时,条板的一端自动升起,使条板倾斜,从而将商品移离主输送机。商品占用的条板数随不同商品的长度而定,经占用的条板如同一个单元,同时倾斜,因此,这种分拣机对商品长度的要求在一定范围内不受限制,如图 2-68(a)所示。

2) 翻盘式分拣机

这种分拣机由一系列的盘子组成,盘子使用铰接式结构,向左或向右倾斜。装载商品的盘子上行到一定位置时,盘子倾斜,将商品翻到旁边的滑道中,为减轻商品倾倒时的冲击力,有的分拣机能控制以抛物线轨迹倾倒出商品。这种分拣机对分拣商品的形状和大小无特殊要求,但以不超出盘子为限。对于长形商品可以跨越两只盘子放置,倾倒时两只盘子同时倾斜。这种分拣机常采用环状连续输送,其占地面积较小,又由于是水平循环,使用时可以分成数段,每段设一个分拣信号输入装置,以便商品输入,而分拣排出的商品在同一滑道排出,这样就可提高分拣能力,如图 2-68(b)所示。

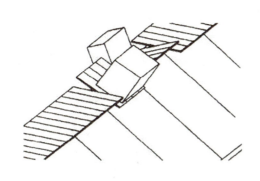
(a)条板倾斜式分拣机

(b)翻盘式分拣机

图 2-68 倾斜式分拣机

5. 托盘式分拣机

托盘式分拣机是一种应用十分广泛的机型,它主要由托盘小车、驱动装置、牵引装置等组成。其中托盘小车形式多种多样,有平托盘小车、交叉带式托盘小车等。

传统的平托盘小车利用盘面倾翻,重力卸载货物,结构简单,但存在着上货位置不稳、卸货时间过长的缺点,从而造成高速分拣时不稳定的问题。

交叉带式托盘小车的特点是取消了传统的盘面倾翻、利用重力卸落货物的结构,而在车体下设置了一条可以双向运转的短传送带(又称交叉带),用它来承接上货机,并由牵引链牵引运行到格口,再由交叉带运送,将货物强制卸落到左侧或右侧的格口中。它是当前配送中心广泛采用的一种高速分拣装置。交叉带式托盘分拣机如图 2-69 所示。

图 2-69　交叉带式托盘分拣机

6. 悬挂式分拣机

悬挂式分拣机（图 2-70）是用牵引链（或钢丝绳）作牵引件的分拣设备，按照有无支线，可分为固定悬挂和推式悬挂两种机型。前者用于分拣、输送货物，只有主输送线路、吊具和牵引链是连接在一起的；后者除主输送线路外还具备储存支线，并有分拣、储存、输送货物等多种功能。

图 2-70　悬挂式分拣机

7. 分拣机器人

利用机器人(搬运机械臂)的视觉、触觉等智能控制系统,可以将来自输送线上的货品拣出,置于托盘或另一条输送线上,实现高速分拣的目的;也可将货架上或托盘上的货品拣出后置于输送带上,实现供包分拣的功能,如图 2-71 所示。

图 2-71 分拣机器人

二、拣选装置

1. RF 拣选系统

RF 即射频,是指具有远距离传输能力的高频电磁波。射频技术在无线通信领域中广泛使用。手持 RF 拣选系统(图 2-72)通过无线网络传输订单,借助手持 RF 终端上的显示器,向作业人员及时、明确地下达向货架内补货(入库)和出库指示,具有加快拣选速度、降低拣货错误率、合理安排拣货人员行走路线、免除表单作业等显著优点,并且使用简单灵活、应用广泛。

图 2-72 手持 RF 拣选系统

2. 电子标签拣选系统

电子标签拣选系统是以快速、准确、轻松地完成拣选作业为目的而设计的自动化拣选设备，是微电子技术和计算机软件技术快速发展的产物，其使拣选实现了半自动化作业。电子标签拣选系统以一连串装于货架格位上的电子显示装置（电子标签）取代拣货单，电子标签指示应拣取的物品及数量，辅助拣货人员进行作业，从而达到有效降低拣货错误率、加快拣货速度、提高工作效率、合理安排拣货人员行走路线的目的，如图 2-73 所示。

图 2-73 电子标签拣选系统

3. 智能拣货台车

智能拣货台车是针对电商、医药、快消、美妆及离散制造等行业研发的一款集灵活、智能、精准等优势为一体的产品。智能拣货台车集订单的分、拣、核、包、发为一体，囊括了 RF 枪、电子标签、标签打印机、装载设备、传感器等多种设备，同时又可与 WMS、WCS 等硬件设备智能链接，具有异常信息智能反馈等功能，可实现订单作业智能分配和拣选路线智能优化等功能。广泛应用于服装、电商、医药、生产等各领域的智能分拣，如图 2-74 所示。

4. AGV 智能拣货台车

AGV 智能拣货台车是具有自动导引和移动功能的拣货台车，除上述拣货台车的基本功能外，还可以自行导航移动至拣货位置，配合拣货人员进行拣货，如图 2-75 所示。

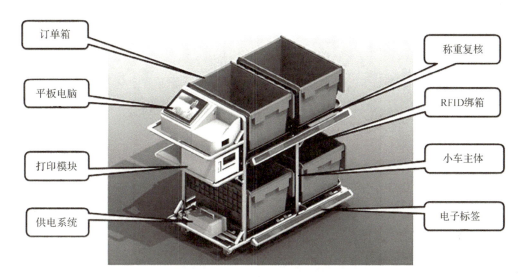

图 2-74 智能拣货台车

图 2-75 AGV 智能拣货台车

拣货基本原理:所有的拣选订单任务直接由系统下达指令到 AGV 智能拣货台车,AGV 智能拣货台车根据系统内货品的分布位置,自动导航到商品位置停泊,通过车载显示终端告诉拣选人员被拣选商品的位置和数量。这种技术进一步减少了人工作业,解放了劳动力。

讨论分拣和拣选有什么区别,请各小组讨论并完成汇报。

项目三 末端物流——菜鸟驿站

任务一 驿站开设

任务描述

即将毕业的你面临是自主创业还是就业的选择,你看到学校的菜鸟驿站每天有非常多的包裹,萌生了毕业后开设一家菜鸟驿站的想法。经过调研发现,菜鸟驿站的开店模式简单,数量很多,管理规范,所以你决定毕业后在居住的小区里开设一家菜鸟驿站。

背景知识

菜鸟驿站概述

菜鸟驿站是阿里巴巴菜鸟旗下的数字社区生活服务品牌,是社区、校园物流场景的开辟者和领导者,面向消费者提供快递保管、社区零售相关的寄递、自提、按需上门、团购、回收、洗衣等选择,为消费者带来便利多元化的物流、生活服务。

一、菜鸟驿站的类型

1. 菜鸟社区驿站

菜鸟社区驿站是菜鸟专门服务城市社区的末端驿站,通过开发快递包裹管理系统和输出标准化品牌服务管理体系,支持合作伙伴以"菜鸟驿站"门店的形式为周边居民提供包裹收寄等综合物流服务。

2. 菜鸟校园驿站

菜鸟校园驿站是专门服务于校园的末端驿站,为广大高校提供专业的校园智慧物流末端解决方案,通过开发校园包裹管理系统和输出标准化品牌服务管理体系,支持合作伙伴以校园"菜鸟驿站"门店的形式为高校师生提供包裹收寄等综合物流服务。

二、菜鸟驿站的职责和服务

1. 代派件服务

菜鸟驿站与快递公司达成合作,受其委托,代快递公司把包裹交付给包裹收件人或收件人指定的代收人。

2. 代揽件服务

菜鸟驿站与快递公司达成合作,经其授权委托后代快递公司完成对客户快递包裹的揽收。

3. 线上代收件服务

客户在线上电商平台(商铺)购买商品时或包裹在配送过程中,客户可以在菜鸟驿站及其关联公司提供的信息平台上选择授权菜鸟驿站为其代收包裹且在一定时间内进行保管,待客户自提或委托菜鸟驿站上门配送。

菜鸟驿站尝试以共享经济的方式解决快递"最后一公里"问题。菜鸟驿站协同快递公司共同打造末端网络,通过提供预约上门、免费保管、扫码自提、代寄代收等多元化服务,积极应对客户收件难、快递员重复劳动等问题,从而改善末端物流的整体服务水平。

任务实施

一、菜鸟驿站申请注册

(1)登录地址:

登录菜鸟驿站官方合作平台(图 3-1)。

图 3-1 登录界面

选择要申请的驿站类型,点击"立即申请入驻"(图3-2)。

图3-2 驿站类型选择

(2)用绑定了实名认证支付宝账号的淘宝账号登录(仅限淘宝账号)。

注:申请人淘宝账号为唯一签约主体,一旦入驻成功,无法更换支付宝,且站点间不可转让。入驻前须确认签约主体是否正确,申请人是否为店铺所有人。若后期店铺由员工来进行操作,入驻后可以将员工的账号添加为管理员账号。申请时请勿用员工的账号进行申请。

(3)选择"社区站点",仔细查看页面上的入驻标准及相关要求,进行相应入驻表单填写。

(4)选择所在的区域,选择后点击"申请入驻社区站点",如图3-3所示。

图3-3 申请入驻社区站点

注:若所在的区域无法选择,则可点击最右侧"没有我所在的城市",留下联系方式,待所在区域开通后,系统会第一时间通知,如图3-4所示。

图3-4 系统提示

(5)填写入驻初步信息：

填写周边环境、其他及申请人联系方式。填写信息时，请及时暂存草稿，以防填写信息丢失，如图 3-5 所示。

图 3-5 信息填写

(6)申请信息提交成功后，页面文案提示：请耐心等待，您的信息一般将在 7 个工作日内审核完毕，请您及时登录该页面查看审核进度。

若申请信息审核未通过，系统会第一时间以短信告知站点，让其登录合作平台查看未通过的详细原因，详细原因页面展示如图 3-6 所示。

图 3-6 申请未通过原因

申请信息审核通过,系统会第一时间短信告知站点,站点也可登录合作平台查看相应的进展,页面展示如图 3-7 所示。

图 3-7 申请审核成功

(7)初评通过,短信提醒站点提交入驻详细信息(图 3-8),等待成功信息(图 3-9)。
注:若信息未通过,则按照提示进行相应修改再次提交即可。
(8)签订协议、冻结保证金。
通过审核,短信会提醒进行下一步操作——签订协议、冻结保证金(图 3-10)。

图 3-8 入驻信息登记

图 3-9 通过审核

冻结保证金前先签署代扣协议,再进行冻结。

图 3-10 签署协议、冻结保证金

注:保证金冻结前,应确保支付宝余额充足;若余额不足,则无法冻结成功。

(9)入驻成功。

待所有步骤完成后,系统会发布入驻成功通知,如图 3-11 所示。

项目三　末端物流——菜鸟驿站

图 3-11　入驻成功

二、网点备案

快递末端网点备案

根据快递行业的现行规定,快递末端网点应自开办之日起 20 日内,向快递末端网点所在地省级以下邮政管理机构备案,并承担快递服务质量责任和安全主体责任。快递末端网点备案不得弄虚作假。

站点备案流程如图 3-12 所示,共有 5 个步骤。

图 3-12　备案流程图

下面以菜鸟驿站备案为例进行说明。

1)备案原则

备案原则适用于已取得许可身份的社区和校园渠道。

2)备案说明

结合相关规定,需要备案的菜鸟驿站要作如下准备。

(1)在菜鸟系统中申请末端备案:签署备案补充协议。

(2)使用菜鸟安全寄件系统:备案站点需使用安全寄件系统或配置实名认证设备。

备注:后续如有变更,以菜鸟官网更新数据为准。

3)站点备案标准

菜鸟驿站在进行末端网点备案时,需要符合以下标准,见表3-1。

表3-1 站点备案标准

序号	总项	具体要求
1	经营要求	无"三合一""二合一"(吃、住、经营)
2	营业面积	操作面积(实用面积)≥15 m²
3	软件要求	使用菜鸟安全寄件系统或配备实人机
4	软件配置	设备要求:监控、消防、长胶手套、防毒口罩、烟感报警、应急照明、货架、地台
5		监控设备要求:安装符合24小时、记录保存90日以上的监控设备,建议使用云监控
6		灭火器配置要求:符合GB 50140的要求,灭火器不得落地,每25 m²配备一个5 kg(灭火等级3A)的灭火器,每个站点最低配备一组2个灭火器
7	制度/公示内容	①营业时间;②收寄验视制度;③禁寄物品名录;④实名收寄制度;⑤服务标识;⑥损失赔偿办法;⑦投诉受理办法;⑧资费标准;⑨服务种类;⑩服务承诺
8	门头牌	品牌统一设计的门头或门牌,门头要求整洁、无破损、无遮挡

4)资料要求

(1)开办者营业执照。

(2)快递末端网点负责人身份证明。

(3)快递末端网点场所的图片资料。

(4)邮政管理部门规定的其他材料。

1. 备案申请

登录"菜鸟驿站掌柜"App,点击"更多"进入全部功能,选择站点管理→资质备案,如图3-13所示。

2. 资料提交

按照系统提示填写快递末端网点备案信息,信息填写完成后点击提交上传。若审核不通过,则申请被驳回至站点,需根据驳回原因修改资料,修改后再次提交。若平台审核通过,则进入提交邮政管理局环节。

3. 提交邮政管理局

平台将资料提交给邮政管理局,等待邮政管理局回传备案回执。

4. 备案完成

邮政管理局审核通过,回传备案回执(图3-14),流程结束,完成备案。

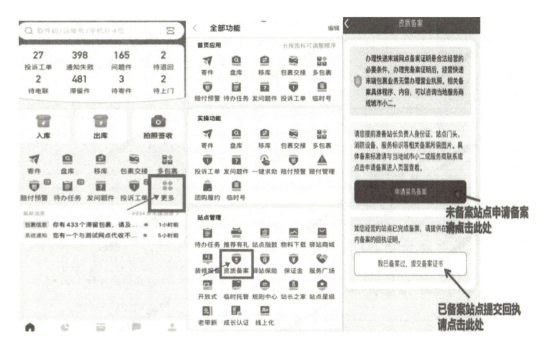

图3-13 备案申请

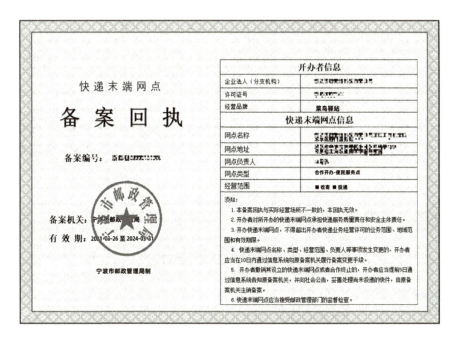

图3-14 邮政管理局备案回执

实战演练

以小组为单位,根据学习掌握内容,模拟完成驿站的申请、备案工作,老师全程指导观察,并对各组完成情况进行评分。

任务评价

任务名称	驿站开设
任务完成方式	小组协同完成
任务评价内容	分值
驿站职责描述	30
驿站申请流程	35
驿站备案申请流程	35
成绩评定	小组自我评价40%
	教师评价60%

▶ 任务二　驿站人员管理

任务描述

转眼间,你已经毕业了,跟其他同学相比,你已经有了创业的目标(开设菜鸟驿站)并已注册备案完成。面对繁多的快递,你遇到了人手短缺的问题,好在你咨询了驿站大区经理,他很好地帮你解决了人员问题。

背景知识

末端物流相关主体

一、寄件人

1. 寄件人的权利

寄件人对快递公司有给付请求权。给付请求权是指请求债务人按照合同的约定或法律的规定履行义务的权利,是债权人实现权利、取得利益的基本方式。寄件人有权请求快递公司及时将包裹送到收件人手上。

寄件人对快递公司还有损坏赔偿请求权、合同解除权和查询权。

2. 寄件人的义务

寄件人应向快递公司准确、如实地告知收件人和寄送物品的基本情况,否则所产生的法律后果由寄件人自行承担。寄件人不得寄快递行业主管部门及其他行政管理部门规定的禁限寄物品,否则快递公司有权拒绝收寄。寄件人还有向快递公司支付服务费用的义务。

二、快递公司

1. 快递公司的权利

快递公司提供快递服务,有权按照相关规定收取合理的快递服务费,还有拒绝返还快递服务费的权利。当快递公司提供快递服务没有任何过错而收件人无故拒绝受领包裹时,快递公司有权拒绝返还快递服务费。

2. 快递公司的义务

快递公司提供的快递服务主要有收寄包裹、运输包裹和投递包裹3个环节,在不同环节中具有不同的给付义务。

(1)在收寄包裹环节,快递公司在收寄包裹时有对包裹进行验视的义务。

(2)在运输包裹环节,包裹会被分拣、封发、装载和运输,不管处于何种处理进度中,快递公司都有对包裹谨慎规范处理、妥善恰当保管的义务。如果在运输环节中发生了快件毁损、丢失等情形,快递公司应承担相应的赔偿责任。

(3)在投递包裹环节,快递公司的义务:①按照约定,安全、快捷、及时地将包裹递送给收件人并获得签收。②及时通知收件人收取包裹。告知收件人当面验收包裹、查看内容物。③当收件人未能及时收取包裹时,免费为其再次递送。根据我国快递服务行业标准和国家标准的相关规定,当收件人第一次因故未能及时收取包裹时,快递公司应该免费至少为其再递送一次。当收件人两次仍未收取包裹时,快递公司可以代为保管或要求其到业务网点自行领取。

三、收件人

1. 收件人的权利

收件人有请求及时投递包裹的权利,有签收包裹的权利。

2. 收件人的义务

收件人有在快递公司与其联系时给予配合、及时受领包裹、告知寄件人快递公司履约情况、验收包裹后签字确认等附随义务。在到付快递服务合同中,收件人应在签收包裹时或者在约定时间内支付快递服务费用。

任务实施

一、驿站岗位管理

驿站岗位分析及设置

1. 岗位分析

"人岗匹配"的基础是知岗,也就是岗位分析。因为只有全面了解设置的岗位及其目的,我们才能去选择适合岗位的人,这样才能实现"人岗匹配"。如果脱离了岗位的要求和特点,"人岗匹配"就会成为"空中楼阁",失去根本。

岗位分析常用的方法就是工作分析。岗位分析的具体工作流程如图3-15所示。

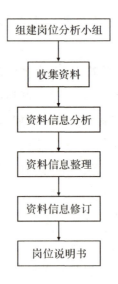

图3-15 岗位分析

通过岗位分析最后形成的岗位说明书包括三个部分:一是基本资料,包含职务名称、直接上级、所属部门、薪资等级、薪资水平等;二是职位描述,包含岗位的工作概述、工作内容、工作标准、工作关系及工作权限等信息(职位描述是岗位说明书的主要部分,能够清晰地定义该岗位的工作职责和义务);三是任职资格说明,包含对岗位人员的学历、工作年限和经验、个性特征及个人技能的要求。岗位说明书的内容具体如图3-16所示。

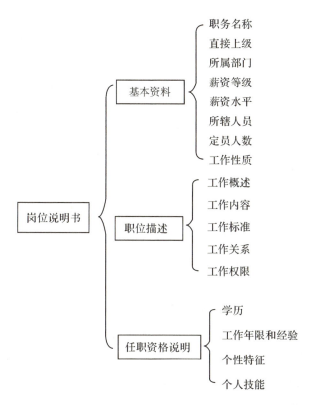

图 3-16 岗位说明书的内容

2.员工分析

可以通过构建员工胜任力模型进行驿站人员分析。员工胜任力模型包含知识、技能、社会角色、自我认知、品质和动机六个维度。在构建模型时，可以通过访谈法、问卷调查法和岗位分析法对六个维度需要的信息数据进行收集和分析。其中，访谈法的访谈对象既包括员工本人，也包括其接触的其他人员，如领导、同事等。在访谈过程中，对员工经历的成功和不成功的事件都要进行分析，深度关注岗位细节需要的特质。找出该员工的核心素质，并和岗位需求进行数据分析比对。

3.驿站岗位设置

菜鸟驿站属于末端物流范畴，直接接触客户，为保障其正常运营，需要对驿站的人员进行合理配置。菜鸟驿站组织结构图如图 3-17 所示。

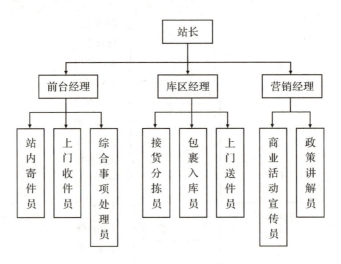

图 3-17 菜鸟驿站组织结构图

另外,菜鸟驿站岗位人员的设置与驿站的单量和规模关系紧密。驿站规模较大,岗位不足,人员配置少,会造成工作量大,服务效能低下,不利于驿站的长期发展;相反,驿站规模较小,岗位繁杂,人员多,不仅难以管理,还会导致人力成本增大。应依据驿站的日均单量进行岗位的合理配置。菜鸟驿站岗位人员配置指导表可以确保驿站人力和工作量的精准匹配,如表 3-2 所示(根据实际站点工作量调研而成,仅供参考)。

表 3-2 菜鸟驿站岗位人员配置指导表

岗位	根据日均到达包裹数量配置人力				
	微型站点 1000 单/日	小型站点 1000~3000 单/日	中型站点 3001~8000 单/日	大型站点 8001~15 000 单/日	超大型站点 >15 000 单/日
站长	1人	1人	1人	1人	1人
前台经理	站长兼任	站长兼任	1人或站长兼任	1人	1人
综合事项处理员	站长兼任	站长兼任	1人	1人	每增加 8000 单增加 1人
站内寄件员	1人或站长兼任	1人或站长兼任	1~2人	2~3人	每增加 5000 单增加 1人
上门取件员	由上兼任	由上兼任	2人	2~4人	每增加 4000 单增加 1人
库区经理	站长兼任	1人或站长兼任	1人或站长兼任	1人	1人
包裹分拣员	1人	1人	1~2人	2~3人	每增加 5000 单增加 1人
包裹入库员	由上兼任	1~2人	2~5人	5~8人	每增加 2000 单增加 1人
上门送件员	由上兼任	由上兼任	1个	1~2人	每增加 8000 单增加 1人

续表

岗位	根据日均到达包裹数量配置人力				
	微型站点 1000 单/日	小型站点 1000~3000 单/日	中型站点 3001~8000 单/日	大型站点 8001~15 000 单/日	超大型站点 >15 000 单/日
营销经理	站长兼任	站长兼任	1人或站长兼任	1人	1人
商业活动宣促员	站长兼任	1人	1人	1~2人	每增加8000单增加1人
菜鸟政策讲解员	站长兼任	由上兼任	1人或由上兼任	1人	1人
合计	2~3人	4~7人	10~19人		根据单量设置

1. 站长能力要求及岗位职责

站长作为驿站主要的运营管理人员,需要能够关注行业政策发布动态,考察市场变化情况,能够指导并带领员工达成运营目标。另外,驿站站长还需要具有良好的组织协调能力、沟通能力、目标分解与向下传导的能力。

驿站站长的具体岗位职责如下。

(1)负责驿站整体运营的统筹管理。

(2)负责组织招聘驿站各岗位员工,并做好岗前培训。

(3)按照菜鸟网络总部考核指标与相关要求,做出短期、中期、长期经营计划,并带领驿站全体员工按计划开展工作。

(4)每日关注出库率、客户满意度、包裹取件及时率、派件数量等重点项目的具体指标,实时掌握运营状态,监督各岗位员工工作情况。

(5)每周组织复盘会议,总结经验技巧,对照目标找出差距与不足,研究制订可行性解决方案,并带领团队整改。

(6)每月分析驿站运营数据,根据数据变化趋势,及时调整工作计划、经营策略与人员配置。

(7)按要求参加菜鸟驿站相关会议、培训,及时落实总部政策,及时将菜鸟科技型产品引入驿站经营。

(8)定期拜访当地快递企业负责人,并将菜鸟驿站的技术革新、考核变化等情况及时向快递企业负责人传递,争取广泛的支持与配合。

(9)站长对驿站安全工作负责,监督指导前台经理做好驿站安全管理工作。

(10)站长负责驿站与快递公司之间的费用结算工作。

(11)站长可兼任前台经理、库区经理、营销经理等职务。

2. 前台经理能力要求及岗位职责

前台经理是驿站与客户、快递公司沟通协作的桥梁，一般要求反应灵敏、亲和力强且善于沟通。

前台经理的具体岗位职责如下。

(1)配合站长做好包裹安全寄递工作，对寄出快递包裹的安全检查负责。

(2)负责与快递公司揽件员对接，并按规定交接快递包裹，同时与快递公司客服人员保持紧密联系，及时处理寄出包裹在转运过程中出现的问题。

(3)负责接收"菜鸟裹裹"订单，并在规定时间内及时联系寄件人，订单确认后，安排取件员工上门取件。

(4)每日关注线上订单取消、完结情况，分析原因，并带领前台人员改进取件服务。

(5)配合站长做好投诉处理工作，根据客户投诉内容，对驿站服务标准与服务流程进行检视，同时对员工服务执行情况进行检查，并及时联系投诉方，了解投诉动机与诉求，第一时间解决问题，有效避免二次投诉。

(6)做好客户线上、电话与现场咨询问题的解答工作。

(7)设计"菜鸟驿站服务满意度调查问卷"，对驿站服务满意度情况进行调研，每半年至少一次。

(8)负责驿站安全管理，定期检查灭火器、应急灯、烟感报警器等安防设施是否处于正常使用状态，每日工作结束前，对驿站进行防火、防盗、防潮、防小动物安全检查。

(9)前台经理可以兼任寄件员和综合事项处理员。

3. 站内寄件员能力要求及岗位职责

站内寄件员是驿站处理寄件业务的专门人员，主要负责接待具有寄件需求的客户，引导协助客户完成包裹的寄递。因此，站内寄件员要求亲和力强，有耐心，具有一定的应变能力和洞察能力。

站内寄件员的具体岗位职责如下。

(1)密切关注菜鸟驿站系统寄件消息，及时联系在线下单客户，并引导其尽快到驿站寄出包裹。

(2)使用文明用语和标准接待肢体动作，热情接待前来寄件的客户。

(3)严格按照驿站寄件操作规范要求，完成包裹开箱验视、实名认证等安全寄递操作步骤。

(4)严格按照驿站寄件操作规范要求，识别、拒收违禁物品，并使用文明用语和驿站标准话术向寄件人解释，争取寄件人理解，避免出现因寄件人认知偏差产生满意度下降或投诉的情况。

(5)严格按照驿站寄件操作规范要求，进行打包打单、引导支付寄件款、将待寄出包裹分类存放等一系列操作。

(6) 当面倡导寄件人使用绿色环保包装寄递物品。

(7) 指导寄件人进行线上查询,自行追踪寄出物品物流信息。

(8) 指导寄件人使用自助寄件机。

(9) 告知寄件人驿站联系方式,为其提供包裹寄出后的相关服务。

4. 上门取件员能力要求及岗位职责

上门取件员需要及时响应客户下单需求,上门提供寄件相关服务。因此,上门取件员要求身体素质好,能够驾驶电动车,会操作便携式打印机等设备。另外,上门取件员也要具备较好的学习能力和突发事件处理能力,能够独立完成取件业务操作。

上门取件员的具体岗位职责如下。

(1) 上岗前检查电动车、便携式打印机、电子称重器等工作所需设备是否处于满电状态。

(2) 及时接收前台经理派发的取件订单,并立即出发上门取件。

(3) 使用文明用语同寄件人进行沟通,非必要不进入寄件人私人空间,在必须进入时,必须佩戴口罩、手套、鞋套等防护用品。

(4) 严格按照驿站寄件操作规范要求,完成包裹开箱验视、实名认证等安全寄递操作步骤。

(5) 严格按照驿站寄件操作规范要求,识别、拒收违禁物品,并使用文明用语和驿站标准话术向寄件人解释,争取寄件人理解,避免出现因寄件人认知偏差产生满意度下降或投诉的情况。

(6) 严格按照驿站寄件操作规范要求进行打包打单,引导支付寄件款。

(7) 规范使用绿色环保包装。

(8) 指导寄件人进行线上查询,自行追踪寄出物品物流信息。

(9) 告知寄件人驿站联系方式,为其提供包裹在寄出后的相关服务。

(10) 在取件任务完成后,第一时间将取回的包裹交给前台经理,并尽快寄出。

5. 综合事项处理员能力要求及岗位职责

综合事项处理员除了负责驿站的日常助理工作外,兼任驿站的客服投诉和管理工作,要求性格温和,有耐心和同理心,能够换位思考并且善于倾听。

综合事项处理员的具体岗位职责如下。

(1) 密切关注菜鸟驿站系统中的投诉信息,做好相关记录,第一时间联系投诉人,核实投诉内容,了解投诉原因,安抚投诉人情绪,并将投诉情况如实向前台经理汇报。

(2) 关注菜鸟驿站群消息,针对涉及本驿站的群通知、提问等消息要及时回复,如超出本人岗位或能力范围,要及时记录,并提醒站长查看、回复群消息。

(3) 关注各快递公司群消息,凡涉及本驿站的问题(如错分件、改地址等),如本人能够直接处理,则第一时间处理并回复,如所遇问题超出本人岗位或能力范围(如涉及罚款或丢件赔付问题),则及时告知前台经理或站长处理。

(4)做好客户线上、电话与现场咨询问题的解答工作。

(5)做好高拍仪出库现场指导与问题处理。

(6)按站长或前台经理的要求,做好驿站各类数据的调取、统计、计算等工作。

(7)协助前台经理设计"菜鸟驿站服务满意度调查问卷",并在前台经理的带领下,面向客户开展调研工作。

(8)协助前台经理定期检查灭火器、应急灯、烟感报警器等安防设施是否处于正常使用状态,每日工作开始前,监督各岗位员工火种带入情况,在工作中,监督并禁止吸烟者进入驿站,在工作结束前,配合前台经理巡查各类电器电源是否全部关闭,对驿站进行防火、防盗、防潮、防小动物等安全检查。

6.库区经理能力要求及岗位职责

库区经理主要负责跟踪驿站每日到站的包裹、包裹的交接管理、出入库上架管理,以及组织站点工作人员完成每日库存盘点等工作。库区经理需根据驿站的运营情况合理进行货架调整、设备配置、临时库区设置,要具备一定的仓库布局规划、仓库动线优化能力及良好的组织协调能力。

库区经理的具体岗位职责如下。

(1)配合站长做好包裹接收与入库上架的管理工作,确保快递包裹顺利流转。

(2)根据库区场地与日均包裹数量,设计库区货架与层数规模,并按照取件人科学流动的原则,设计货架放置位置,确保在安全、便捷、舒适的前提下,实现场地利用最大化。

(3)根据不同类别的取件人,选择取件码形式(如货架+序号、货架+单号后四位等)。

(4)根据日均到件包裹数量,配置巴枪、高拍仪等智能化设备。

(5)紧密联系快递公司配送负责人,及时准确地掌握快递公司当日到达的包裹数量,做好驿站库区岗位人员的安排。

(6)认真做好与送件员之间的包裹交接工作。

(7)及时对错分、破损等问题件做出处理。

(8)组织分拣员根据包裹的包装性质、形态、重量进行分类。

(9)组织入库员将分类好的包裹扫描入库,并按要求粘贴取件小票。

(10)对要求送货上门的客户,在系统内"用户设置"模块下进行编辑操作,遇有需要送货上门的包裹,安排上门送件员及时送达。

(11)将通过菜鸟跑腿业务下单并要求送货上门的订单,及时分配给上门送件员。

(12)在每日工作结束前,组织入库员进行盘库。

(13)在取件高峰时段做好库区内限流管理。

(14)在商家平台大促期间,设计并设置临时库区。

7. 包裹分拣员能力要求及岗位职责

包裹分拣员主要负责每日到站包裹的交接与分拣,并对异常破损包裹进行及时上报。该岗位工作人员要求仔细认真,有责任心,能够承受一定的劳动强度。

包裹分拣员的具体岗位职责如下。

(1)配合库区经理完成与快递公司送件员的包裹交接。

(2)将接收到的包裹按照包装性质、形态、重量进行分类,并将分类好的包裹装入周转车,交给入库员。

(3)在分拣过程中,及时发现破损包裹,并上报库区经理处理。

8. 包裹入库员能力要求及岗位职责

包裹入库员主要负责每日到站包裹的扫描入库,能够对包裹分类并选择合适的货架位置。该岗位工作人员要求仔细认真,有责任心,熟悉驿站设备操作,并能够承受一定的劳动强度。

包裹入库员的具体岗位职责如下。

(1)将分类好的包裹,按照包装性质、形态、重量不同,分别放入不同大小、不同承重能力的货架。

(2)将放入架上的快递包裹完成入库扫描,发送取货码,并打印取货码标签贴在包裹上面。

9. 上门送件员能力要求及岗位职责

上门送件员主要工作内容是根据客户要求送货上门。该岗位工作人员要求亲和力强,语言沟通能力强,能熟练操作驿站便携式设备,具有服务意识,能够承受一定的工作强度。

上门送件员的具体岗位职责如下。

(1)上岗前检查电动车等工作所需设备是否处于满电状态。

(2)承接库区经理分配的各类送货上门包裹,并按照时效要求及时送达。

(3)使用文明用语同收件人进行沟通,非必要不进入收件人私人空间,在必须进入时,须佩戴口罩、手套、鞋套等防护用品。

(4)上门送件员可由上门取件员兼任。

10. 活动策划经理能力要求及岗位职责

活动策划经理主要工作内容是落实菜鸟网络总部各项活动的宣传和推广,结合驿站自身情况和地区特性有的放矢地制订详细的活动策划方案并培训、指导驿站工作人员完成活动。因此,活动策划经理要求具备良好的组织策划能力、文字编写能力和一定的审美能力。

活动策划经理的具体岗位职责如下。

(1)与站长一起参与菜鸟网络总部发起的与工作有关的各类线上线下会议,及时了解菜鸟驿站相关政策、活动等详细信息。

(2)根据菜鸟网络总部政策宣传与活动内容,拟定本驿站的宣传、推广方案。

(3)将政策宣传与活动任务或服务产品推广任务进行分解,并合理安排给驿站对应岗位的员工。

(4)密切关注宣传与活动或服务产品推广过程,及时发现并解决问题。

(5)定期总结经验,查找不足,并带领团队成员改进工作方法。

(6)接收活动物料,并按要求管理、使用物料。

(7)负责招聘活动专员,并进行岗前培训。

(8)经常关注菜鸟驿站系统数据,结合前台经理的建议,针对数据的提升(如线上取件率)制订有效的活动方案。

(9)针对活动策划与服务产品推广制订岗位员工绩效考核方案。

(10)设计针对服务产品的使用体验调查问卷,并定期组织调研。

11. 专项活动宣传员能力要求及岗位职责

专项活动宣传员主要工作内容是配合活动策划经理完成策划方案的实施,达到活动宣传的目的。该岗位工作人员要求性格活泼开朗,善于交流沟通,抗压能力强。

专项活动宣传员的具体岗位职责如下。

(1)熟知宣传活动政策,熟练掌握宣传话术。

(2)按照活动策划经理制订的活动宣传方案,面向客户开展宣传活动。

(3)按要求使用宣传物料,并及时补充,确保物料够用。

(4)在活动策划经理的带领下,完成外场宣传活动。

(5)针对客户疑难问题,或活动政策认知偏差问题,做好解释工作。

(6)配合菜鸟驿站的运营规则和服务要求,向客户传达注意事项和服务内容,从而更好地为客户服务。

二、驿站人员招聘

1. 准备阶段

准备阶段是人才招聘的第一个阶段。对于菜鸟驿站而言,招聘需求、招聘计划通常由驿站站长根据驿站的整体规模和实际情况具体分析,如有需要,可以向菜鸟网络运营人员咨询。

2. 招募阶段

招募阶段是招聘的重要阶段。首先,确定招聘的来源,一般分为外部招聘和内部招聘;其次，确定招聘的方法，即被聘者获知招聘信息的方法和途径；再次，发布招聘信息，通过各种渠道传递招聘信息以吸引招聘者；最后是回收应聘者的应聘资料并进行初步筛选，以便下一阶段进行甄选和录用。招募阶段的重点在于扩大招聘信息的发布途径和吸引力，吸引较多的候选人。

3. 甄选阶段

甄选阶段是企业招聘过程中人才选择的关键阶段，是选择具有岗位技能、能够匹配岗位工作职责的工作人员的过程。甄选质量的高低直接决定着选出的应聘者是否能达到组织的要求。

甄选过程是一个技术性很强的环节，会涉及心理测试、无领导小组讨论、评价中心等诸多方法。甄选的最终目的是挑选出符合要求的应聘者供组织进一步筛选。

4. 录用评估阶段

人员录用是指综合应聘者在招聘过程中的表现及其相关求职资料，通过组织评定，最终确定录用人选并通知候选人办理入职手续的过程。

招聘效果评估是在完成招聘流程各阶段工作的基础上，对整个招聘过程及结果进行总结复盘，检查是否达到预期的招聘目的，以求后续不断改进招聘机制的工作过程。

二、机动人员招聘

1. 临时性招聘

临时性招聘是指有些组织的人力资源短缺只是暂时的，或者具有典型的季节性特征，那么就可以通过临时性招聘招募一些临时工，满足短期工作需要，从而达到劳动力的灵活调配。

2. 校园学生兼职

菜鸟校园驿站设立在高校校园，在开学季、毕业季及电商大促节日期间可以通过招聘兼职学生，有效解决在单量高峰时期的用人需求问题，同时也可以为高校学生提供一定的勤工俭学岗位，为学生带来一定的勤工俭学收入。

机动人员在入岗后需要进行合理规范的培训，以保障顺利完成岗位工作内容，培训内容涵盖政策制度培训、规范培训、操作技能培训、企业文化培训、素养培训等，同时应注重个人成长和团队协作的指导。

四、驿站人员培训

1. 确定培训内容

驿站工作涉及不同的业务操作流程和规范，比如入库操作规范；新设备的功能使用和维护规范，高拍仪设备、无人车的应用；新业务的服务开展，如"裹裹"上门业务；日常管理规范。这些都需要对员工进行定期或不定期的培训。结合实际情况,明确培训内容是人员培训工作的基础。

2. 制订培训计划

在确定培训内容之后,就可以制订培训计划。一般而言培训计划涵盖培训目的、培训时间、培训地点、参加人数、培训形式等一系列内容。该环节需要根据培训内容来选择合适的培训形式,比如业务操作类培训可以采用实操形式,确保驿站人员能够通过实操掌握培训内容;安全制度类培训可以采用案例互动形式,通过生动的案例引起驿站人员的重视并加深记忆,从而达到培训效果。

除此之外,培训计划需要完成培训场地的确定、相关人员培训时间的通知、培训讲师的沟通等工作,确保培训实施环节的顺利进行。

3. 组织实施培训

实施培训环节即根据制订的培训计划,完成相应的培训任务。需要注意的是,在培训过程中需要根据现场参训人员的反应,及时调整气氛和节奏,可以通过良好的互动环节来保证培训效果,同时也要注意培训现场的纪律和安全。

4. 培训效果反馈

培训效果反馈包括对培训内容的掌握程度和培训的满意度两方面。培训内容的掌握度可以通过技能考试、员工出错率及观察员工的日常工作情况综合了解。培训满意度包括对培训形式、培训讲师等的满意程度,可以通过问卷调查或者访谈的形式获取。通过培训效果反馈可以总结复盘经验,在后续的培训过程中不断改进,提升培训效果和培训满意度。

五、驿站人员绩效管理

驿站通过"驿站掌柜"这个 App 帮助站长实行人员绩效管理。在该系统中,每一个工作人员由姓名和唯一的 ID 构成,包括 ID 生成的条形码。条形码和整个驿站入库出库系统对接,每个员工的工作量、工作成果直接展示在系统中,包括入库、出库、拒收、退回、分拨、盘库等内容,形成列表。驿站掌柜绩效管理模块如图 3-18 所示。

项目三　末端物流——菜鸟驿站

图 3-18　驿站掌柜绩效管理模块

该列表可以直接应用于员工薪资结果计算，使得驿站站长对人员的管理更加精细化、专业化。

实战演练

假设你是店长，请规划你的驿站人员需求配置并完成一场员工招聘及员工培训工作。

任务评价

任务名称	驿站人员管理	
任务完成方式	小组协同完成	
任务评价内容	分值	
驿站人员岗位设置	20	
运用胜任力模型招聘岗位员工	30	
开展驿站人员培训	25	
驿站人员进行绩效管理	25	
成绩评定	小组自我评价 40%	
	教师评价 60%	

任务三　驿站安全管理

任务描述

11月9日是我国全民消防日。驿站站长想以"消防安全、牢记心中"为主题,准备一期安全培训,提升驿站员工的安全生产意识。你作为驿站的专项活动宣传员,都该培训什么内容呢?

背景知识

消防安全基础知识

一、火灾产生的条件

消防工作的方针是"预防为主,防消结合",因此,驿站的消防工作实质上主要是预防和扑救火灾。想要做好这些消防工作,就需要了解火灾的成因。火灾是时间和空间上失去控制的燃烧造成的灾害,由此可知,燃烧是火灾的起点,火灾是燃烧的扩大。根据传统的燃烧理论,可知物品发生燃烧需要具备三个条件,即燃烧三要素:可燃物、助燃物和着火源。若要避免火灾的发生,就需要对三要素有所了解。

其中,可燃物一般包括有机可燃物和无机可燃物,这些物质在常温环境中能够和空气中的氧气或者一些氧化剂发生燃烧反应。表3-3列出了一些可燃物,需要对这些可燃物留意,避免其燃烧引起火灾。

表3-3　可燃物

种　类	举　例
无机可燃物	钾、钠、钙、镁、磷、硫、硅、氢等; 一氧化碳、氨、硫化氢、氢氰酸等
有机可燃物	天然气、液化石油气、汽油、煤油、柴油、原油、酒精、豆油、煤、木材、棉、麻、纸,以及三大合成材料(合成塑料、合成橡胶、合成纤维)等

助燃物是指支持可燃物燃烧的物质。着火源是指可燃物在助燃物的帮助下燃烧需要的热能源,是引起火灾的罪魁祸首,像明火、电火、摩擦生热等都是常见的着火源。

通过对三种燃烧要素的介绍,可获知防火和灭火的基本原理:阻断三种燃烧要素的同时结合,则可以防止火灾;限制或削弱燃烧的三要素则可以阻止火势蔓延,进而可以灭火。

二、火灾类型

国家标准《火灾分类》(GB/T 4968—2008)将火灾分为以下6种类型。

A类火灾:固体物质火灾。由木材、干草、煤炭、棉、毛、麻、纸张等具有有机物性质的固体引起的火灾,该类火灾在燃烧时会产生余烬。

B类火灾:液体或可熔化的固体物质火灾。由煤油、柴油、原油、甲醇、乙醇、沥青、石蜡、塑料等液体或可熔化固体物质引起的火灾,该类物质一般为易燃物。

C类火灾:气体火灾。由气体物质(如煤气、天然气、甲烷、乙烷、丙烷、氢气等)引起的火灾。

D类火灾:金属火灾。由可燃烧金属(如钾、钠、镁、铝镁合金等)引发的火灾。

E类火灾:带电火灾。一般是指由电器、线路等漏电引发的火灾,如手机着火。

F类火灾:烹饪器具内的烹饪物火灾。一般指由烹饪使用的各种油类、油脂引发的火灾,如锅内热油着火。

预判或判断火灾的类型,根据不同类型火灾的燃烧程序来预防和灭火。一方面,未发生火灾的日常消防工作中,可以采取合适的预防方法,配备正确防护设施/设备;另一方面,当发生火灾紧急事故时,可以选择正确的灭火方法及合适的灭火器。

三、灭火的方法

灭火的原理是基于燃烧的三要素理论的,破坏三要素中的任何一个要素,就可以阻止火势的持续失控,从而迅速扑灭大火。一般采用的灭火方法有以下几种。

1. 隔离可燃物法

这种灭火方法主要是控制燃烧三要素中的可燃物,简言之就是将火源处及其周围的可燃物移开或拆除,从而使得可燃物与助燃物、着火源两个燃烧要素隔离开。一般可以设置防火隔离带。

2. 窒息助燃物法

这种灭火方法主要是限制燃烧三要素中的助燃物,简言之就是隔绝或减少空气中的氧气,氧气浓度降低了,自然就阻止燃烧失控,从而达到灭火目的。比如用 CO_2、黄沙、棉被等覆盖可燃物,或者用水蒸气、惰性气体隔离可燃物等。

3. 冷却着火源法

这种灭火方法主要是削弱三要素中的着火源,简言之就是降低燃烧所需的热能,冷却燃烧物使其温度低于燃点,从而实现灭火。比如可以采用水枪、酸碱灭火器、二氧化碳灭火器、泡沫灭火器等灭火剂直接作用到燃烧物上。

任务实施

一、驿站消防管理

1. 站内人员消防管理

1）设置消防组织

由驿站站长直接负责消防安全管理工作,把安全消防工作具体落实到各级组织和责任人。成立专门的消防队伍,确定日常消防安全检查的工作人员,做好值班表,定期进行消防演练及防火灭火的消防安全检查,增强员工"安全第一"意识。

2）消防安全培训

定期为站内人员开展消防安全主题的培训,培训站内人员熟练掌握常见消防设备的使用、人员火灾逃生技能、对火灾现场的应急处理能力等。

消防设施及消防设备

1. 消防设施

消防设施主要包含建筑防火设施和防火系统两个方面。驿站建成之后必须规划好消防通道,同时也可以视条件尽量配置应急广播和照明设施、防火墙、防火门、防爆毯等设施（图3-19）。此外,按照具体要求,驿站内应设有火灾自动报警系统、消防水系统（如消防栓、水龙带、水枪等）、防烟排烟系统等。

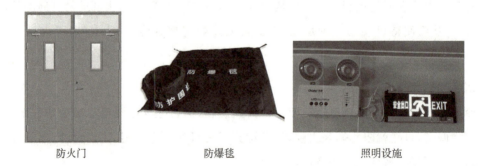

图3-19 消防设施

2. 消防设备

一般根据火灾的类型选择灭火器,这是因为不同类型的灭火器对同一类型火灾的灭火有效程度差异较大。因此,如何选择合适的灭火器是消防设备配置环节首要考虑的问题。常见的灭火器类型、特点及适用火灾情况见表3-4。

表3-4 常见灭火器

类型	使用火灾类型	特点
干粉灭火器	A、B、C、E、F 五类火灾	应用广泛、不导电、不腐蚀、毒性低等
二氧化碳灭火器	B、C、E 三类火灾	操作方便、安全可靠、不污染物质等
泡沫灭火器	A、B、F 三类火灾	灭火效率高、有效期长、抗复燃等
清水灭火器	A 类火灾	使用范围广泛、天然灭火剂等
四氯化碳灭火器	E 类火灾	便携、操作时应防中毒等

2. 站内消防设施管理

驿站布局建设严格按照《建筑设计防火规范》的要求进行设计和投入使用;加强消防设施的维护与保养;驿站应在各醒目部位设置"禁止烟火""消防安全"等防火安全提示标志,如图3-20所示;驿站的生活区和作业区要严格划分开;保持驿站无杂物堆积,防止堵住消防通道和安全出口;定期检查安全疏散标志、照明应急灯,保证其完好有效。

图3-20 安全消防标识

3. 站内消防设备管理

定期检查灭火器是否齐全;灭火器应设置在明显和便于取用的地点,且不得影响安全疏散;灭火器应设置稳固,其铭牌必须朝外;手提式灭火器宜设置在挂钩、托架上或灭火器箱内,其顶部离地面高度应小于1.50 m;底部离地面高度不宜小于0.15 m;灭火器不应设置在潮湿或有强腐蚀性的地点。

4. 站内电气安全管理

驿站的配电线路需穿金属管或用非燃性硬塑料管保护;驿站作业区内不准使用电热器具和电热家电用品;驿站电气设备周围和架空线路的下方严禁堆放包裹;驿站要有防雷装置;在驿站安装电器设备要严格按照国家规范执行,并且由专业电工操作,同时不允许在驿站原有电路中乱拉线路或者安装电器。

二、驿站包裹安全

1. 包裹损坏处理流程

（1）驿站工作人员在包裹入库前需要仔细检查包裹是否有破损，若有破损包裹，则必须在入库前拍照，并将其单独放置在破损包裹货架专区。

（2）若破损包裹仅是外包装破损，则驿站员工对包裹的外包装加固，完成正常派件；若破损包裹内的物品有损坏，则驿站需要尽快联系快递公司进行赔付。

（3）如果包裹的破损不是出库前造成的，则需要再分情况排查。驿站通过监控、高拍仪查看出库照片，确认包裹出库前是否损坏，如果出库前未损坏，则不属于驿站的责任范围。

（4）如果监控显示出库前已损坏，则驿站与客户先协商赔付，然后驿站继续自查出库前包裹损坏原因，同时站内进行警示并加强管理，以防此类事件再次发生。

2. 包裹丢失处理流程

（1）驿站和客户确认丢失的包裹信息，首先排查是否还在驿站内，可以进行盘库，看看包裹是否串货架或者遗失在驿站死角区域。

（2）若站内没有找到包裹，则通过云监控查看包裹是否入站，若查明包裹未入站，则联系快递公司查找包裹；若包裹已入站，则锁定入站时的位置。

（3）根据入站时的位置，查看该货物是否已被取走，如果被取走，进一步锁定取件人信息，调取身份码信息，进行货物追回。

（4）如果没有被取走，则再次在驿站里查找，确实没有找到，则请客户出具相关价值证明，驿站与其协商进行赔付。同时站内要加强管理，以防此类事件再次发生。

3. 包裹信息泄露处理流程

（1）当驿站接到客户关于信息泄露的投诉时，应立即开通用户信息应急处理机制，采取补救措施。一方面，应该立刻联系被泄露信息的客户，确认被泄露的信息详情，查找泄露源头，协助客户解决问题，并尽量降低对客户的影响；另一方面，根据事件的严重程度，判断是否报告邮政管理部门。

（2）根据信息源头，自查驿站硬件、软件及人员问题并立即采取措施；对于事件严重并上报邮政管理部门的，应积极配合相关部门的调查，并根据调查结果予以妥善处理。

实战演练

根据以上所学内容，模拟一场驿站消防安全培训。

任务评价

任务名称	驿站安全管理
任务完成方式	小组协同完成
任务评价内容	分值
火灾的认识	30
驿站消防安全知识	35
驿站各类包裹安全问题处理	35
成绩评定	小组自我评价40% 教师评价60%

任务四 驿站派件

任务描述

一年一度的双十一购物节即将到来,你的驿站将迎来大量的包裹,为了更好地给用户带来取件的体验,你与员工商量,进行一次大量派件的预演。让我们来看看这次预演都有什么内容吧。

派件设备

一、巴枪

对于驿站工作人员来说,集入库信息录入、在库件查询及出库数据传输等多种管理功能于一体的巴枪能够有效缓解站点包裹管理压力,降低错分率,提高包裹管理效率,为站点的包裹入库、包裹出库、包裹移库、问题件处理、扫码投柜等作业提供强大的数据支撑。巴枪如图 3-21 所示。

图 3-21 巴枪

巴枪操作简单，首先打开巴枪，选择包裹入库模块，然后扫描货架号和待入库包裹条形码，对于淘系包裹，系统自动生成订单号、电话号码、货架编码等相关信息，点击确认入库，如图3-22所示。最后将打印机生成的货架标签贴在包裹上，将包裹放入对应货架，整个入库操作步骤就完成了。

图 3-22 巴枪入库操作

二、便携式打印机

便携式打印机又被称为蓝牙打印机，如图3-23所示，打印机应用蓝牙技术，可在主机附近一定范围内随意移动，实现无线打印。相较于传统连线打印机，便携式打印机具有体积小巧、易于携带、便捷高效等特点。

便携式打印机常用于快件的入库标签打印和寄件包裹的面单打印，在不同场景中承载着不同的使用功能。例如，在快

图 3-23 便携式打印机

件入库时,需要打印入库标签作为客户取件依据;在客户寄件时,需要打印面单,描述货物基本信息等。

三、无人出库高拍仪

高拍仪是菜鸟网络推出的一款可以让客户秒取快递的 IoT 设备,该设备与驿站包裹管理系统、云监控系统等连接,实现秒级出库。除满足基础的拍照出库功能以外,还增加了寄件功能、语音提示、未取包裹提醒及云储存等功能,还能通过信息追溯等操作,精准查找取件人的取件时间及身份信息,方便包裹被错取后找回。高拍仪被称为"派件神器",它的出现革新了驿站的管理方式。高拍仪主要由包裹放置区域、信息反馈区域及拍摄功能区域三个部分组成,如图 3-24 所示。

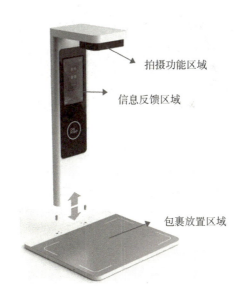

图 3-24　无人出库高拍仪

高拍仪的功能操作相对简单,派件出库时,只需要将出库的包裹含条码的一面朝上放在包裹放置区域内,拍摄功能区域扫描识别之后包裹即可出库成功;如果取件人待取的包裹不止一件,则高拍仪会在信息反馈区域自动显示领取人的包裹状态及还未出库的包裹取件码,提示取件人还有包裹在库内,避免客户往返重复取件;拍摄功能区域通过摄像头识别包裹和身份码之后,系统自动留存出库现场拍摄的包裹及客户信息,以便在出现取错包裹后及时补救,增加客户包裹的安全保障。

任务实施

一、末端分拣操作

1. 到件准备

对驿站内卸货区域进行清理,准备好包裹分拣操作的相关设备与工具,如剪刀、中转筐(图3-25)、推车等。

图3-25 驿站中转筐

2. 卸货及拆包操作

在驿站的卸货区域进行卸货、拆包和检查操作。进行卸货操作时,需要确认车内无遗漏;卸货完成后,对包裹数量进行清点、核对,然后完成拆包操作;最后需要对所有包裹进行外观检查。在此过程中,需对包裹轻拿轻放。

3. 包裹分类

分拣人员根据包装大小、外形及面单信息进行包裹分类,首先将包裹按类型分为普通包裹和特殊包裹,其中特殊包裹是指到付代收件、水果生鲜件、错分件及破损件等。

菜鸟驿站包裹分类

为方便上架分层、分类摆放,分拣时根据驿站的货架层数设置将普通包裹分为如下5个类别(目前菜鸟驿站普遍的货架为5层)。

(1)体积中等或偏大、质量轻,外形规则的盒子,如图3-26a所示。

(2)体积较小、质量较轻的盒子,如图3-26b所示。

(3)防水袋、文件袋,如图3-26c所示。

(4)体积稍大、质量略重的盒子,或套有防水袋的盒子,如图3-26d所示。

(5)质量重,并且体积很大的包裹,如图3-26e所示。

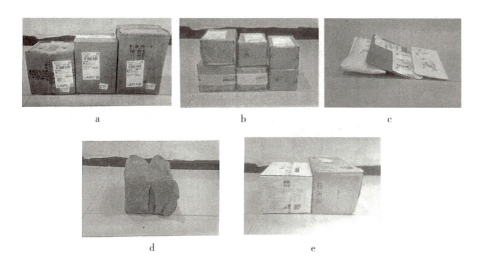

图 3-26 包裹分类

二、巴枪、手机入库设置

1. 巴枪操作

拿出库内巴枪,登录账号密码后,进入巴枪首页界面,如图 3-27 所示;然后点击"入库"按钮,进入入库操作界面,如图 3-28 所示。

图 3-27 巴枪界面首页

图 3-28 巴枪入库操作界面

2. 手机操作

在手机上安装菜鸟网络的"驿站掌柜"App,登录账号后进入软件首页,如图 3-29 所示,点击"入库"按钮进入入库操作界面,如图 3-30 所示。

图 3-29 "驿站掌柜"首页

图 3-30 "驿站掌柜"入库操作

三、上架标签打印设置

1. 设置上架标签打印模式

进入菜鸟驿站 PC 端"小邮局"系统,点击"个人中心"菜单栏,选择"操作设置"选项,可以进行上架标签打印模式的设置,一般选择"边入库边打印"模式,在打印模板中选择"3 寸打印机"模式,选中相应的标签样式后右下角会显示打钩,如图 3-31 所示。

图 3-31 选择打印模板

2. 设置取件码标签格式

进入"小邮局"系统的"个人中心"菜单下选择"操作设置"选项,在"入库模式"列表中选择"货架+数字序号"模式,如图 3-32 所示,点击"我的货架设置"链接,设置系统货架,输入货架数和货架层数后进行保存(图3-33)。注意:设置的货架数、货架层数必须大于实际库内数量,否则将无法入库。

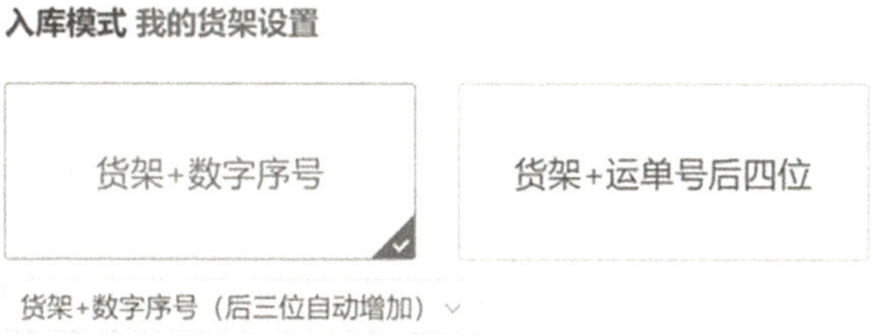

图3-32 系统入库模式设置

图3-33 系统货架设置

四、入库操作

1.包裹上架

在前文所述的包裹到站后的分拣操作中,已将包裹按外形和包装进行了分类,现以5层货架为例,如图3-34所示,将同类别包裹按以下规则分别摆放在货架不同层位上。

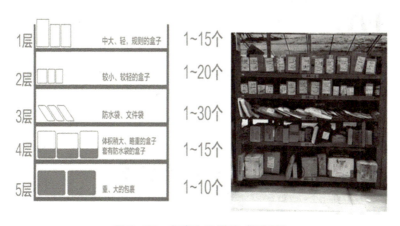

图3-34 包裹上架摆放对照图例

2.扫码入库

使用巴枪或手机"驿站掌柜"App,进入"入库"界面后,准备上架扫描操作。
(1)核对货架对应的编号后扫描货架层码。

(2)扫描包裹包装上的运单条码(注意:不是商品条码),并检查包裹派送地址,如果某包裹不属于本驿站派送范围,应将该包裹从货架取下并放到问题件区域,并在问题件处理中实施退回操作。

(3)包裹入库扫描成功时,巴枪/手机会发出"滴"声,表示该包裹已成功扫描。

(4)如果巴枪/手机已连接到蓝牙小票打印机,打印机会按包裹扫描顺序自动打印标签。

3. 粘贴取件码标签

货架的层数不同,取件码标签在包裹外包装上的粘贴位置也不相同。除了要注意将标签按包裹摆放顺序依次平整地贴在包裹包装外侧上,还要注意粘贴标签时,需要核对标签上的快递单号和包裹运单号是否一致,防止错误粘贴。根据货架层次不同和人的视线高度不同,相应标签贴的位置也不同,具体货架层数与包裹标签粘贴位置说明如下。

(1)货架第一层(最上层):将标签贴在纸箱右下角。

(2)货架第二层:将标签贴在纸箱右下角。

(3)货架第三层:将标签统一贴在防水袋右上角。

(4)货架第四层:将标签统一贴在视角的俯视面右角处。

(5)货架第五层(最下层):将标签统一贴在视角的俯视面右角处。

五、入库编码

1. "货架+数字序号"模式

(1)货架+数字序号(后两位自动增加):包裹入库时扫描货架条形码,系统自动生成"货架+数字序号"的提货码,其中第一个数是货架号,第二个数代表货架层数,第三个数的第一位为入库是星期几,第二位始终为0,最后两位为入库序号。如图3-35所示,取件码"122-1-3014"代表122号货架第1层货位,星期三入库的第14号货物,菜鸟驿站标准货架高度为2 m,每层货架最多入库99个包裹,每层货架的包裹数量有所限制,便于客户领取包裹。

图3-35 上架标签

(2)货架+数字序号(后三位自动增加):包裹入库时,扫描货架条形码后,系统自动生成"货架+数字序号"的提货码,前两个数与上一种标签一样,第三个数的第一位代表星期几,后三位按顺序从 001 到 999 自动增加。每层货架最多入库 999 个包裹。如图 3-36 所示,取件码"123-5-3214"代表 123 号货架第 5 层货位,星期三入库的第 214 号货物,上面条码为包裹快递公司及运单号,方便查看核对。货架+数字序号(后三位自动增加)可以压缩驿站的占地空间,提高单位包裹放置量,但由于包裹数量多,会导致客户取件难以查找。

该种模式的缺点是,如果存在超过一周的滞留件,入库包裹序号会重复,导致拿错件等情况发生。这就要求驿站工作人员及时对包裹进行盘点,并合理处置滞留件。

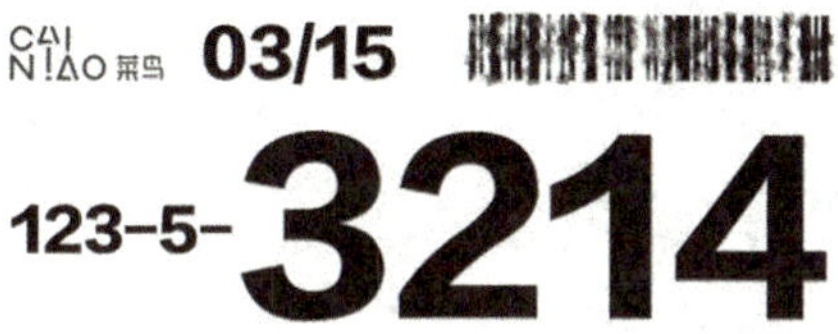

图 3-36 上架标签

2."货架+运单后四位"模式

包裹入库时,使用巴枪或手机"驿站掌柜"App 扫描货架条形码及运单号后,系统自动生成"货架+运单号后四位"的提货码,并由蓝牙打印机自动打印。该种模式的优点是便于站点操作,也不会存在入库包裹序号重复的情况;缺点是货架上包裹不能按照顺序排列,客户取件查找困难。

六、包裹出库

在入库过程中,站内工作人员在使用巴枪/手机"驿站掌柜"App 扫描包裹时,包裹信息实时同步更新到"菜鸟"App 上,并触发短信通知客户。短信内容包含驿站名称、取件截止时间、取件码和联系电话,如"【菜鸟驿站】您的××快递公司包裹已到武汉××菜鸟驿站店,请 21:00 前凭 6-5-3022 取件,详询 136×××××××"。

1. 非开放式取件

即站内工作人员帮助客户找件。客户通过扫描站点专属二维码、使用"菜鸟"App 一键取件或提供收件人手机后四位等方式,核对取件信息,站点找件出库。驿站工作人员根据客户提供的取件码将包裹从货架取下后,需要在店内监控范围内与客户核对收件人信息,并当面清点包裹数量,准备扫码出库操作,如图 3-37 所示。

图 3-37 非开放式取件

2. 开放式取件

客户凭短信取件码或在"菜鸟"App 查看取件码后,根据货架号、层号标志指引,自行在站内相应区域的货架查找包裹,然后在高拍仪前进行身份核验和运单拍照完成取件操作。这种方式因其取件高效、便捷、准确,受到越来越多客户的欢迎。

高拍仪出库操作流程:客户可以在"菜鸟"App 中,打开"身份码"信息,将手机屏幕和包裹运单面一起朝上放置在高拍仪托盘上,点击屏幕上"取件"按钮,高拍仪会对客户身份码和包裹运单进行扫码、拍照、上传,客户完成包裹自取操作。图 3-38 为开放式取件场景。

图 3-38 开放式取件

七、盘库

盘库,又称盘点,是指定期或不定期地对驿站内的包裹进行清点的活动。通过扫描货架上的包裹运单,逐层逐个清点货架上的包裹,比对与系统内的包裹记录是否一致。盘点过程中发现异常件要及时处理。

1. 盘库前准备

在进行库内盘点操作前,需要确认盘库操作是否需要给客户发送滞留件短信,如图3-39所示。进入 PC 端"小邮局"系统,点击"个人中心"菜单栏下的"操作设置"选项,进入该页面,在"盘库滞留件短信通知设置"部分进行。可选择"盘库后发通知"按钮或"盘库后不发通知"按钮,在"通知类型"字段下拉列表中选择滞留件统计类型("滞留件1天以上"是指昨日之前的在库包裹;"滞留2天以上""滞留3天以上"以此类推)。

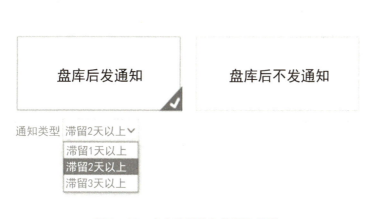

图 3-39 盘库滞留件短信通知设置

2. 盘库操作步骤(以巴枪操作盘库为例)

打开巴枪首页界面(图3-40),选择"盘库"功能按钮,进入盘点界面,显示"××正在库存盘点"(图3-41),再选择"未盘点货架层"下的数字,比如图上的"68",进入"未盘点货架层"界面,出现库内当前未盘点的所有货架编号、层数及相应位置上需盘点的包裹数量(图3-42)。巴枪上显示"未盘点货架层"下的第一条记录为"10-2,此层71个包裹",其含义是驿站10号货架的第2层上需盘点的包裹数量为71。

图 3-40　巴枪首页　　　　图 3-41　巴枪盘库界面　　　　图 3-42　未盘点货架层界面

此时,需要盘库操作人员依次走到相应货架位置前面,核查需要盘点的货架位置上实际包裹数量和巴枪上的数量是否一致。如一致,点击"未盘点货架层"下该货架层数对应的"确认无误"按钮,系统会自动给客户发送滞留件短信(如设置盘库不发短信,则不会发送)。如不一致,则进入盘库异常件处理流程。

实战演练

分组模拟从包裹分拣到最终盘库,完成整个派件操作流程。对每组模拟情况进行记录并点评总结。

任务评价

任务名称	驿站派件
任务完成方式	小组协同完成
任务评价内容	分值
派件设备的使用	15
对包裹进行大小分类	15
对包裹进行入库编码	25
完成两种出库方式的包裹出库	25
完成盘库操作	20
成绩评定	小组自我评价 40%
	教师评价 60%

任务五　驿站寄件

任务描述

在你的经营下,驿站很顺利地经历了双十一的考验,正当你想庆祝下时,发现由于客户买的商品不符合需求,需要进行寄件退货处理,你马上联系寄件员,让他为客户进行商品寄件退货处理。

背景知识

寄件业务类型

一、按照业务场景划分

基础寄件业务按照场景可以划分为到站寄件、上门揽件及自助寄件。

1. 到站寄件

到站寄件是指客户根据自己的寄件需求,将包裹或者物品拿到驿站或者快递代收点,在驿站工作人员的指引下通过网上下单、实名认证、物品验视、货物包装、称重计费、打印面单等操作,完成包裹的寄出。

在菜鸟驿站内,都有驿站专属的寄件二维码,客户寄件时可以线下扫描二维码。扫码后会跳转到"驿站寄件"下单页面,下单完成后在驿站工作台录入包裹相关信息,由驿站称重并打印电子面单。扫码寄件对客户来说,无需手写,体验好,效率高,下单更便捷;对驿站来说,扫码下单可以减少操作时间,提升寄件效率,节省成本,降低出错率,提升服务质量。

2. 上门揽件

上门揽件是指客户在线下单,然后取件员根据客户的下单需求,及时上门取件,并完成寄件标准流程操作,其目的在于通过建设末端物流上门运力,升级寄件服务能力,满足消费者更高的物流需求。

上门揽件业务的优点在于提供末端物流寄件的多元化服务,满足客户的个性化需求,提高客户的便捷性。缺点是难以对揽件过程进行监督管理,上门揽件业务要求小件员在客户家中或者指定位置完成寄件业务操作,需要业务员能够独立自主、规范地完成操作,避免因为操作不当引起订单取消或者客户服务投诉等,同时在订单高峰期需要进行合理分单调配,确保及时响应客户,避免延迟履约等情况的发生。

3. 自助寄件

菜鸟裹裹自助寄件柜是菜鸟网络推出的智能 IoT 设备,提供一站式无人自助寄件服务,外形如图 3-43 所示。

图 3-43 菜鸟裹裹自助寄件柜

菜鸟裹裹自助寄件柜的优势有三方面,第一方面是可以随时寄快递,不受驿站位置和取件员时间的限制;第二方面是操作便捷,可以自助称重、支付,让寄件价格更加透明;第三方面是减少人工成本,提高寄件效率。缺点在于自助寄件设备的投放数量有限,导致应用范围较小。但未来随着物流"黑科技"的日益发展和多区域覆盖,智能化的自助寄件服务是末端物流发展的必然趋势。

二、按照订单来源划分

菜鸟驿站的包裹按照订单来源划分,可以分为淘系退换货包裹和散件包裹。

1. 淘系退换货包裹

淘系退换货包裹是指淘系(淘宝、天猫、闲鱼)电商平台的退换货寄件包裹。淘宝、天猫等淘系电商平台客户在退货时,通过"我要寄件"的官方推荐寄件服务,可以选择上门取件或者驿站寄件来完成寄件。

该类包裹可以通过淘宝 App、菜鸟 App 下单等形式快速获取退货信息,无需客户重复填写收件地址、收件人等信息,简化操作流程,提高效率。另外,购买运费险的淘系订单,在首重 1 kg 以内无需支付运费,可直接用运费险抵扣。

2. 散件包裹

散件包裹是指除淘系电商平台的发货、退换货订单之外的包裹,包含个人自主邮寄的包裹、其他电商平台的发货包裹等。

任务实施

一、寄件物料准备

为了保证寄件业务的顺利完成,作为驿站工作人员,需要提前准备好寄件业务流程中应用的相关物料。主要分为打包物料、称重设备、智能终端设备及打印设备。

(1)打包物料包含胶带、纸箱、快递袋、工具刀等,确保包装操作的顺利开展。

(2)称重设备主要指电子秤等,上门揽件业务需要配备便携式电子秤,保证现场完成包裹称重,并告知客户。

(3)智能终端设备主要是指安装驿站掌柜 App 的手机,用其进行寄件业务的系统操作。

(4)打印设备指蓝牙打印机、USB 连接打印机等面单打印设备,在包裹寄件的最后环节支持打印面单并完成面单粘贴。

二、到站寄件

到站寄件流程如图 3-44 所示。

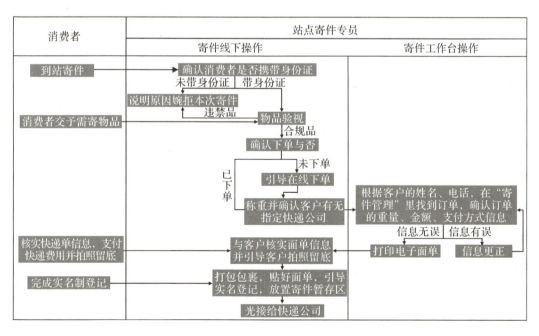

图 3-44 寄件业务流程

1. 实名认证

根据国家相关法律法规,为了保证安全,应相关主管部门的要求,以及管控危险违禁品的相关规定,快递寄件严格执行实名制。为了对客户寄件实名进行监督管理,客户必须完成寄件实名认证操作,且小邮局系统提示"已认证"才能完成寄件。

寄件实名认证有以下几种途径(图3-45)。

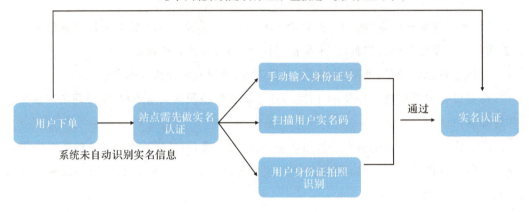

图3-45 寄件实名认证途径

2.开箱验视

开箱验视的目的在于查看包裹是否包含违禁品。因此,需要对快递规定的违禁物品有全面的认识和了解。应根据国家相关规定和最新的禁限寄物品目录,执行开箱验视工作。

(1)应在收寄现场对客户需要寄递的物品进行验视,且验视过程需在监控镜头下进行。

(2)验视时,由寄件人打开封装,或经寄件人同意,由驿站工作人员打开封装。

(3)查验客户需寄递的物品、包装物、填充物是否符合国家关于禁止寄递、限制寄递的规定及是否与快递运单上所填报的内容相符。

(4)验视时,快递业务员应注意人身安全,不应用鼻腔直接嗅闻或接触,不应用手触摸不明液体、粉末、胶状等物品。

(5)对客户需寄递的物品内有夹层的,应逐层验视。

(6)对于一单多件的快件,每一件物品都需要验视。

知识链接

寄件物品分类

随着快递产业的快速发展,末端物流寄件的物品种类越来越丰富,现在可以分为服装鞋帽、生鲜产品、易碎品、文件、特殊物品(如大件物品、贵重物品)等;不同的寄件物品类型在快递包装、时效等方面的要求各不相同。

1.服装鞋帽

服装鞋帽品类在每年的网购产品调研中,都占有很高的份额,是消费者最喜欢网购的一类产品。此类产品小件居多,是快递操作中比较常见和简单的一类,除了部分价格昂贵的真丝等物品,大多数对于包装没有特别的要求,装卸、搬运也不需要特别对待。该类包裹一般满足包装基本要求,如防水防潮防破损即可;对于价值较高的服装鞋帽,除了做好正常的包装防护外,建议提醒客户进行包裹保价。

2. 生鲜产品

生鲜产品具有较强的季节变化性,存储期短,容易腐败变质,对于保鲜技术和运输技术都有较高的要求,生鲜产品快递保鲜的天数除了与产品发货前自身新鲜程度有关,还与生鲜在运输过程中的防护措施、温度等因素有关。生鲜产品的运输对温度变化比较敏感,春秋季温度适宜时,一些保存期长的农产品可以承受2~3天的长距离运输;夏天温度高时,包装就需要泡沫箱和干冰袋,即使这样,生鲜产品腐烂的概率还是很高的。

3. 易碎品

易碎品在收揽的时候,需要严格按照快递公司的防撞、防摔要求进行包装,并在包装显眼处张贴易碎品标识,提醒快递公司规范操作,保障包裹在物流途中的运输安全。

4. 文件

文件(不包括国家机关公文)一般多为商务合同、函件、证书等,属于重要性、保密性较高的一类物品,对包裹的安全性和时效性要求极高。驿站针对文件的包装有专用的文件快递袋,在包裹揽收的时候确保文件的完好性,同时注意防水、防潮、防火,避免因为包裹损坏、丢失等引起纠纷。

5. 大件物品

大件物品通常包括网购的家具家电、装修材料,以及开学季、毕业季校园驿站的学生被褥等行李。部分大尺寸、形状不规则的大件物品,对于包装材料和包装方式会提出比较高的要求。大件物品由于体积和质量都比较大,一般都需要工作人员上门揽件并完成寄件服务。

6. 贵重物品

贵重物品由于价值高,极易丢失,因此在寄件时需要提醒客户进行包裹保价;引导客户不瞒报商品价值,合理保价并及时告知快递公司,避免包裹受损或者丢失后导致的索赔纠纷。

3. 包裹打包

包装主要有两方面的功能:一是自然功能,即对商品起保护作用;一是社会功能,即对商品起媒介作用,也就是把商品介绍给消费者,把消费者吸引过来,从而达到扩大销售占领市场的目的。驿站寄件包裹包装主要是针对包裹物品的自然特性,选择合理正确的包装材料,采取正确的包装操作,达到对包裹物品保护的目的。具体的操作规范如下。

(1)打包时,根据邮寄物品的属性和特点,选择适宜的包装材料。

(2)包装货品时选择大小适宜的纸箱,内部货品要充实,无晃动声,严禁"货小箱大"现象,确保胶带不脱落。

(3)包装货品时要确保货品外包装无灰尘、无污渍,确保包装盒无破损。

(4)针对特殊商品,包括但不限于液体(饮料、果汁、瓶装水)、易碎品(玻璃制品等)、特殊气味的商品,需单独打包,且打包后要包裹一层塑料袋,与其他物品隔离,防止在运输过程中出现破损,损毁其他快递件。

(5)胶带的粘贴和使用要求:对于外形规则的货品包装,如使用纸箱包装的货品,建议对5.5 kg以下的包装箱,进行"工"字形或"十"字形包装;建议对5.5 kg及以上的包装箱,进行"井"字形或"王"字形包装。

(6)包装胶带粘贴要求横竖位置对准、不错位,松紧适度,每条封胶位置环绕一圈胶带,直至闭合,做到该封胶带的位置封好,杜绝浪费胶带。

(7)过小的物品最小包装不能小于运单大小。

(8)严格禁止使用子母包方式打包,即指两个独立的物品通过简单捆绑、缠绕方式组合到一起成为一件物品。

(9)包装好的货品外观要求整体美观结实、无松散、无凸凹不平的现象。

4. 费用核算

快递市场上对于包裹的运费核算主要有两种计费方法,一种是按照实际重量计算,另一种是按照体积重量计算。国际快递公司和国内的快递公司一样,在计算出体积重量后,与包裹的实际重量相比,取其较重者计算运费。快递费用由首重费用和续重费用组成,通常都是以kg为计量单位。不满1 kg的,则按照1 kg收取运费。

寄件运费＝首重×首重价格＋(总重－首重)×续重价格

体积重量是一种反映快件密度的计重方式。低密度的包裹,较之其实际重量,占用的空间更大,因此采用体积重量进行运费的计算较为合理。体积重量的计算公式如下:

总重＝长(cm)×宽(cm)×高(cm)/固定基数(一般为6000)

对于不规则物品的体积重量,按外包装自然外廓的最长、最宽、最高部位尺寸计算,测量采用cm为计算基本单位,不足1 cm则按1 cm计算。

此外,对于相同重量,不同地区的费用也不一样。例如,一般情况下,江浙沪的收费标准相较于其他地区更低;不同的快递公司,对首重和续重的收费标准也不尽相同。

5. 粘贴面单

快递面单是指快递行业在运送货物的过程中用以记录发件人、收件人,以及产品重量、价格等相关信息的单据。目前,市场上普遍使用电子面单,电子面单即热敏标签纸,规格会比普通快递单小,信息比普通快递单更完善,对设备要求低且易于操作。电子面单通过条形码信息,记录快递行业的连续数据,便于包裹的跟踪管理。

(1)快递面单要求贴于包装好的货品正面中间位置,贴正贴好以便识别。

(2)严禁单件货品贴两张快递面单。

(3)严禁将未粘贴快递面单的货品交接出站。

(4)严禁将不同快递公司的货品混放。

(5)信息区域必须粘贴在包裹外包装的最大面,且条码无弯折、无挤压、无变形、无褶皱(图3-46)。

(6)粘贴面单时,应将条码区域与包装接缝处错开张贴,防止条码变形,导致无法扫描识别。

(7)使用小型或特小包装,无法保证整个面单处于一个平面时,必须使面单的"目的地+条码"区域位于包装盒最大平面,且在同一平面上。

(8)易碎标签、安检标签、安检印章不得覆盖面单信息。

图3-46 正确粘贴面单

三、上门揽件

上门揽件需要取件员必须在规定时间段内到达客户指定位置,进行包裹的揽收,业务流程上与到站寄件流程类似,但上门揽件由于业务场景的转换,仍具有一定的特殊性,流程如图3-47所示。

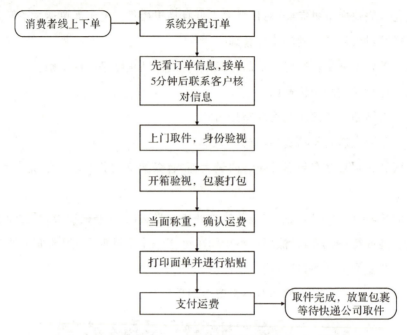

图 3-47 上门揽件操作流程

1. 准备工具

上门取件员除需穿着菜鸟驿站工服外,还需要配备蓝牙打印机、便携式手提秤、常用包装耗材等。每次上门前,取件员均需仔细检查工具物料是否携带齐全,以及携带设备是否正常可用;上门后,取件员应独立进行设备的操作使用,完成包裹的包装和称重,并进行费用结算。如遇到设备故障等突发事件,需向客户说明原因并及时给出解决方案。

2. 时间范围内上门揽件

上门揽件业务通常对时效性要求较高,菜鸟裹裹承诺 2 小时内上门,驿站员工收到揽件提示后,通过包裹侠 App 查看订单详情,并在接单后 5 分钟内电话联系客户,确认寄件需求、上门时间和地点、寄件物品类型,以及询问是否可以提前履约;到达履约地点后,输入取件码,完成包裹包装,当面打单和付款,并且保证当天发出。

3. 收费标准

上门揽件可以为客户提供上门寄取服务,对于驿站来说也需要投入一定的人力成本,因此,上门揽件的收费通常会略高于到站寄件。运费的计算公式不变:

寄件运费=首重×首重价格+(总重-首重)×续重价格

4. 上门揽件异常

1)订单超区处理流程

接单后 30 分钟内,发现订单超出区域,可登录系统网址查找订单并进行地址修改;超过 30

分钟则无法修改地址,可以电话联系客户,向客户诚恳解释原因,询问客户是否可以自行取消订单并重新下单,如客户不愿意取消,站点应该完成履约责任。

2)客户联系不上的处理流程

如果联系不上客户,可能存在未接通、拒接、空号、停机等多种情况,具体解决措施需根据实际情况分析处理。可以分时间段多渠道联系客户,如发短信、微信联系、上门查看等,确实因客户原因联系不上,则需在订单超时之前修改履约时间,同时发送短信告知客户并且保持手机畅通。

3)打印异常处理流程

打印异常一般存在打印失败和面单完成打印后修改地址两种情况。如遇到打印失败的情况,检查单号是否足够,单号不足则进行充值。如遇到面单打印后修改地址的情况,则需让客户重新下单,已有单号时联系快递公司回收即可。

4)客户要求转单处理流程

接单后客户因为特殊需求,需要寄发指定快递公司的,可与客户协商采用指定快递公司的快递单号。

实战演练

两人一组,模拟客户和上门取件人员完成一次寄件操作。对每人模拟情况进行记录并点评总结。

任务评价

任务名称	驿站寄件
任务完成方式	小组协同完成
任务评价内容	分值
熟悉寄件流程	35
运费核算	25
完成商品打包、粘贴面单纸	20
揽件异常处理	20
成绩评定	小组自我评价 40%
	教师评价 60%

任务六　驿站数据化运营

任务描述

经历半年的经营管理,熟悉了驿站的业务流程,作为站长的你,想了解下半年时间里,驿站的业务数据是什么样的,在驿站的经营管理中又有哪些指标模型可以用来参考,以此帮助自己提升自己的驿站运营。

背景知识

驿站运营基本指标

数据化运营是指通过数据化的工具、技术和方法,对运营过程中的各个环节或关键过程进行科学的数据收集、处理和分析,为管理者和决策者提供专业、准确的行业运营解决方案,从而达到优化运营效果、降低运营成本、提高运营效率和效益的目的。

对于末端物流的驿站管理,除日常的包裹入库、出库等业务管理外,驿站的数据化运营也越来越重要。驿站数据化运营是指根据驿站日常运营目标,通过对日常运营服务指标体系进行分析,指导日常运营的管理工作。

一、驿站数据化指标体系

菜鸟驿站运营的基本指标包括派件指标、寄件指标(包含上门揽件指标)、消费者体验指标(包括消费者投诉指标和消费者评价指标)等,形成驿站数据化运营指标体系,见表3-5。

表3-5　驿站数据化运营指标体系

类　别	一级指标	二级指标
驿站数据化指标体系	派件指标(A_1)	入库单量(A_{11})
		出库单量(A_{12})
		7日出库率(A_{13})
		当日出库率(A_{14})

续表

类　　别	一级指标	二级指标
驿站数据化指标体系	寄件指标(A_2)	寄件单量(A_{21})
		次日寄出率(A_{22})
		当月寄派比(A_{23})
		爽约率(A_{24})
		接单后揽收率(A_{25})
		及时回单率(A_{26})
		订单完结率(A_{27})
	消费者投诉指标(A_3)	投诉量(A_{31})
		投诉率(A_{32})
		投诉成立量(A_{33})
		投诉成立率(A_{34})
	消费者评价指标(A_4)	好评率(A_{41})
		差评率(A_{42})
		评价率(A_{43})

二、派件指标

派件指标一般指入库单量、出库单量、7日出库率、当日出库率等数据指标。派件指标可以客观反映驿站一段时间内的派件能力和运营情况。

(1)入库单量,是指统计时间内快递员派送到驿站并由驿站员工操作入库的包裹数量,入库单量的多少在一定程度上反映了驿站的业务规模大小和覆盖范围大小。

(2)出库单量,是指统计时间内驿站出库的包裹数量,也就是客户签收的包裹数量,出库单量在一定程度上反映了驿站的出库和派件效率。

(3)7日出库率,是指 T-7 日的入库订单在 7 天内的总出库量占 T-7 日当日的入库总单量的比例,计算公式如下。

$$7\text{日出库率} = \frac{(\text{T}-7\text{日的入库订单在7天内的总出库量})}{(\text{T}-7\text{日当日的入库总单量})} \times 100\%$$

备注:T 即为 Today(今日),T-7 日指今日向前倒推 7 日。

举例说明,4 月 1 日入库的包裹在 4 月 1 日到 4 月 7 日 7 天内的出库量,与 4 月 1 日入库单量的比值,即为 4 月 1 日的"7 日出库率"。

(4)当日出库率,是指当日入库包裹的出库单量占当日入库总单量的比例,公式如下。

$$当日出库率 = \frac{当日入库包裹的出库单量}{当日入库总单量} \times 100\%$$

当日出库率主要反映驿站当天的出库时效性,该指标高说明驿站的客户取件及时,包裹滞留情况少,便于驿站的运营管理;该指标低说明需调整驿站入库时间,例如,保证上午件12点之前入库,预留客户取件时间,保证包裹出库的及时性,18点后入库则很有可能导致包裹次日才能被客户取走。

三、寄件指标

寄件指标是反映驿站寄件业务量和效率的数据指标,基础的寄件指标包括寄件单量、次日寄出率、当月寄派比等。通过监控和分析寄件指标,可以准确把握驿站寄件业务情况和客户的寄件服务满意度。

(1)寄件单量,是指单位时间内客户通过线上、线下等方式,下单到驿站并由驿站员工操作寄出的包裹数量,主要由散件寄件和电商退货寄件两部分构成。

(2)次日寄出率,是指次日寄出量与当日线上寄件下单量减去截至次日已取消包裹量的比值,计算公式:

$$次日寄出率 = \frac{在下单次日的23:59:59前寄出的订单量}{线上寄件订单创建总量 - 截至次日取消量} \times 100\%$$

举例说明,3月1日的次日寄出率,即指3月1日线上下单的订单截至3月2日寄出的订单量,与3月1日订单量减去截至3月2日的订单取消量的比值。

次日寄出率低说明驿站寄件不够及时,无法达到客户要求的"当日寄、当日发"的标准,可能会因时效性差导致客户不满意。

(3)当月寄派比,是指驿站当月实际寄出单量与入库单量的比值。正常寄派比数据范围在2%~4%,计算公式如下。

$$寄派比 = \frac{当月寄出单量}{当月入库单量} \times 100\%$$

这里,寄出单量包含基础寄件单量和淘系包裹寄件单量,统计月份为自然月。寄派比低说明驿站寄件业务量偏少,需要通过服务态度、寄件时效等方面的提升来增加单量。

(4)爽约率,是指菜鸟裹裹上门订单在接单后当天24点前未揽收且未取消的单量,与当日揽收量和爽约量之和的比值。

(5)接单后揽收率,是指在当日已接单需履约的菜鸟裹裹订单中,完成揽收的订单占比。

(6)及时回单率,是指在当日已接单需履约的菜鸟裹裹订单中,在期望时间前完成揽收并传回运单号的订单量,占当日揽收量与爽约量之和的比值。

(7)订单完结率,是指统计时间内订单线上实际完结量与订单线上需要完结量的比值。

通过这些指标能够直观反映菜鸟裹裹上门取件业务的时效性,以及间接反映客户对上门揽件服务的满意度。

四、消费者投诉指标

消费者投诉指标指消费者因驿站工作人员服务态度、服务质量、业务操作等不达标,而利益受损或体验不好,从而进行投诉的指标。

(1)投诉量:统计时间内驿站的投诉总量,包含不成立的投诉。投诉量大说明驿站业务服务水平较低,导致客户投诉。投诉量按照投诉原因的不同分为货物丢失投诉量、货物破损投诉量、费用争议投诉量、服务态度投诉量、信息不符投诉量、拒收包裹投诉量及代收延时投诉量7大类。

(2)投诉率:15天前揽派包裹在15天内产生的投诉单量与15天前入库总单量的比值,其中不成立的投诉也包含在内,具体计算公式:

$$投诉率 = \frac{15 天内投诉总单量}{15 天前入库总单量} \times 100\%$$

$$= \frac{a+b+c+d+e+f+g}{15 天前入库总单量} \times 100\%$$

其中,a 为15天内货物丢失投诉量,b 为15天内货物破损投诉量,c 为15天内费用争议投诉量,d 为15天内服务态度投诉量,e 为15天内信息不符投诉量,f 为15天内拒收包裹投诉量,g 为15天内代收延时投诉量。

投诉率高能够在一定程度上反映出驿站的运营问题,具体情况可通过客户投诉的不同类型投诉量占比进行深入分析。

(3)投诉成立量:在统计时间内投诉总量减无效的投诉量。

(4)投诉成立率:15天前揽派包裹在15天内产生的有效投诉单量与15天前入库总单量的比值。

五、消费者评价指标

客户评价指标是指客户对驿站业务、效率、服务的整体认知和评价。主要分为评价率、好评率及差评率,从而得到对驿站评价的总得分,了解客户对驿站的服务满意度,有助于驿站有的放矢地解决问题,打造好末端物流服务。

(1)评价率,是指在统计时间内,客户评价量与入库总单量的比值,计算公式如下。

$$评价率 = \frac{单位时间内评价量}{单位时间内入库单量} \times 100\%$$

评价率高说明数据采集充分,数据具有一定的代表性;反之,说明样本数量过少。因此,要想获得准确、有效的评价指标,首先需要提高评价率,并保证评价的有效性。

(2)好评率,是指在统计时间内,客户好评单量与客户评价单量的占比,在一定程度上能够反映客户对服务的满意程度,计算公式如下。

$$好评率 = \frac{单位时间内好评量}{单位时间内评价量} \times 100\%$$

(3)差评率,是指在统计时间内,客户差评单量与客户评价单量的占比,在一定程度上能够反映出驿站业务存在的问题。

$$差评率 = \frac{单位时间内差评量}{单位时间内评价量} \times 100\%$$

消费者评价指标主要通过服务态度、营业时间、送货上门、服务距离、环境问题及取件效率几方面的评分项收集客户服务体验。

任务实施

一、派件指标分析

打开"驿站掌柜",依次选择"掌柜参谋—业务数据—收件",可以看到"收件"指标,如图3-48所示。

图3-48 派件指标数据图

由图可知,该驿站当日入库单量为 3228 件,出库单量为 3768 件,当日入库及时率达到 99.88%,驿站当日出库率为 74.60%,7 天出库率为 95.14%。通过分析派件指标的收件单量及收派件的效率,可以提升出库率和入库及时率。

除可以查看驿站当日运营数据外,还可以监测近 7 日、近 30 日、近 60 日的收件指标及趋势图,如图 3-49 所示。合理分析影响驿站收派件业务量波动的各种因素(如天气、节假日等),可以及时调整运营策略。排除天气异常、小长假旅游代收等客观原因,导致出库率较低的原因可能是收件人未及时收到取件通知,通过当日出库率、7 日出库率的指标数据,驿站可以及时排查入库过程中存在的操作不当等问题。

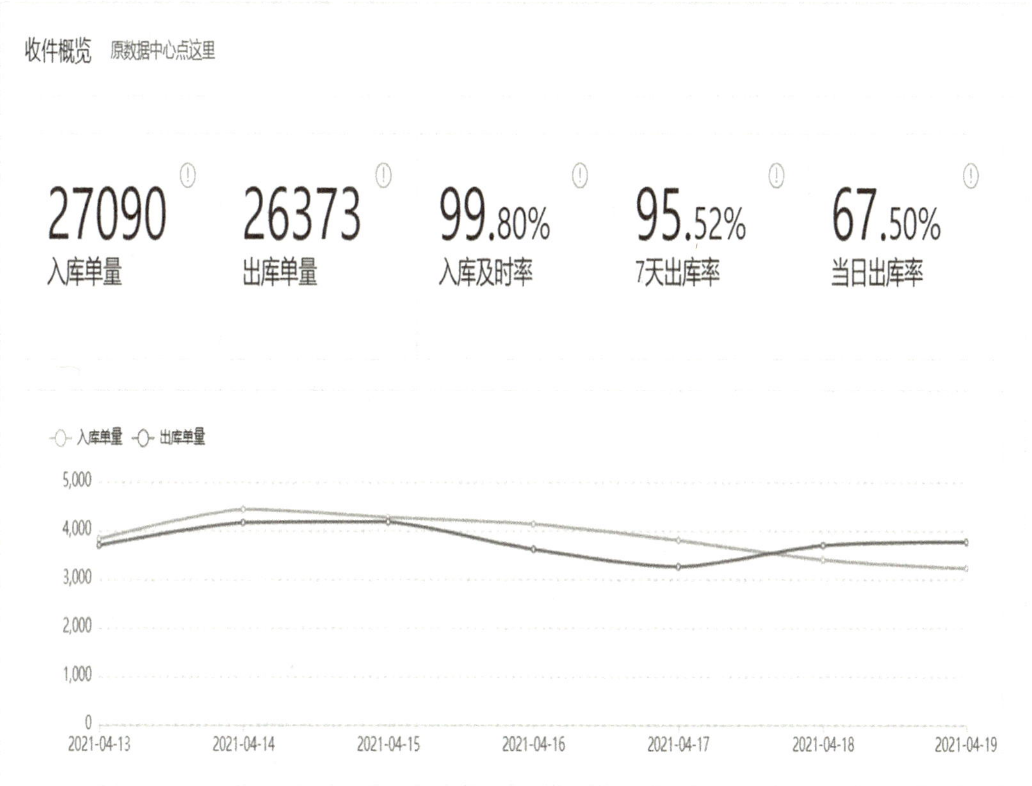

图 3-49 近 7 日派件指标数据图

二、寄件指标分析

打开"驿站掌柜",依次选择"掌柜参谋—业务数据—寄件",可以看到"寄件"指标,如图 3-50 所示。

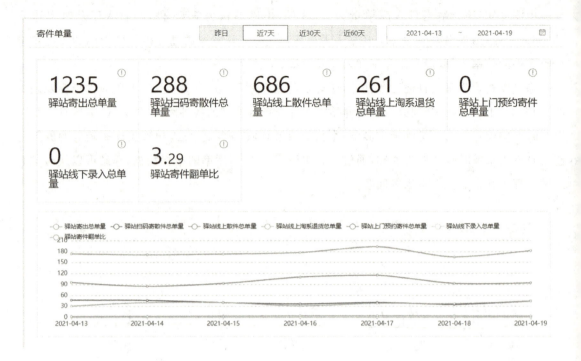

图 3-50　寄件指标数据图

根据图中的数据可知,近 7 天驿站寄出总量为 1235 件,其中驿站扫码寄散件总单量为 288 件,驿站线上散件总单量为 686 件,驿站线上淘系退货总单量为 261 件。如图 3-51 所示,该驿站的基础寄件次日寄出率为 92.31%,淘系寄件 8 日寄出率为 97.31%,当月寄派比为 2.71%。与正常的寄派比范围(2%～4%)相比,处于正常偏低的范围,可以通过提升服务质量和服务环境、为客户提供多元化寄件服务等措施提高业务单量。

图 3-51　寄件指标数据图

上门取件业务指标如图 3-52 所示,昨日爽约率为 0,接单后揽收率为 95.52%,及时回单率为 100%,订单完结率为 100%,说明该驿站的上门取件业务能够及时履约,并完成业务的办理。

项目三 末端物流——菜鸟驿站

图 3-52 上门取件指标数据图

三、消费者投诉指标分析

打开"驿站掌柜",依次选择"掌柜参谋—业务数据—消费者体验",可以看到"消费者投诉"指标。

消费者投诉指标能够客观地反映驿站的整体服务水平。如图 3-53 所示,该驿站近 60 天的投诉率为 0.02%,投诉量为 10 条,当日投诉量最多达到 3 次,可以通过调取驿站内监控视频查看服务过程或业务复盘总结当日问题。可以看出所有的投诉都是货物丢失类投诉,导致货物丢失的原因有以下几个:快递公司交接仓促,遗失包裹;驿站工作人员入库操作不规范,造成包裹掉落货架缝隙;客户取件错拿包裹等。

图 3-53 消费者投诉相关指标

四、消费者评价指标分析

打开“驿站掌柜”，依次选择“掌柜参谋—业务数据—消费者体验”，可以看到“消费者评价”指标。

如图 3－54 所示，某驿站评价总得分为 4.92 分，但是评价率仅为 0.83%，其中客户对环境问题的评价为 0，说明目前客户评价反馈率较低，已反馈的数据代表性不强，驿站可以通过提高客户评价率的方式，有针对性地分析客户体验关注的重要指标，这对于提升驿站服务尤为重要；同时，指标的波动趋势也是驿站运营人员的关注重点。

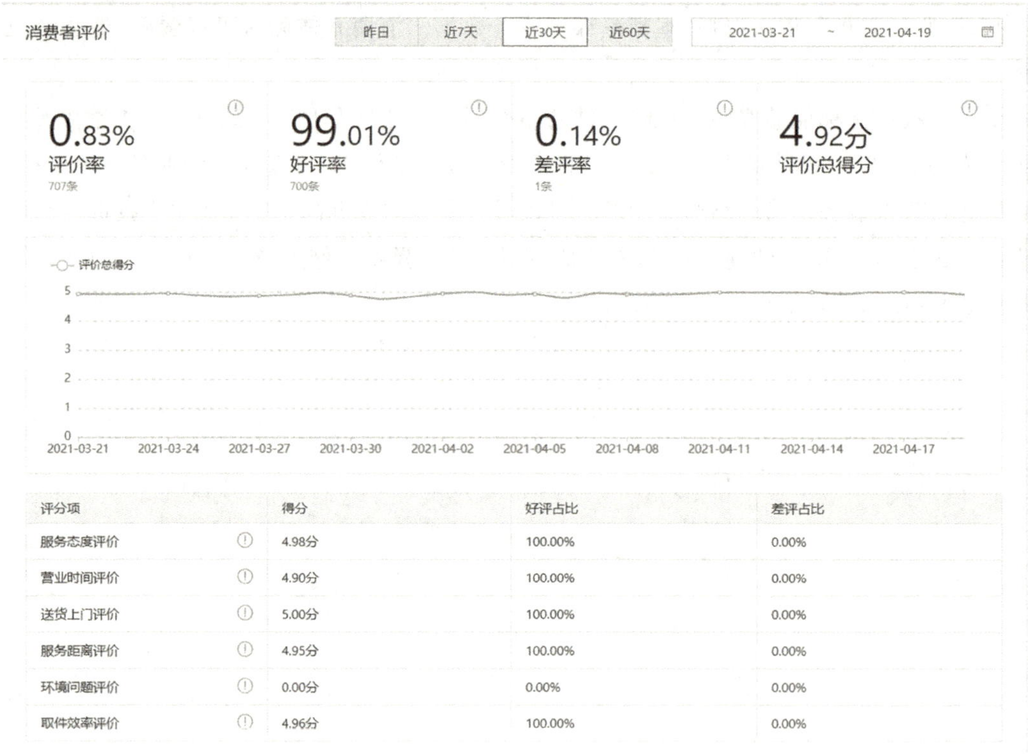

评分项	得分	好评占比	差评占比
服务态度评价	4.98分	100.00%	0.00%
营业时间评价	4.90分	100.00%	0.00%
送货上门评价	5.00分	100.00%	0.00%
服务距离评价	4.95分	100.00%	0.00%
环境问题评价	0.00分	0.00%	0.00%
取件效率评价	4.96分	100.00%	0.00%

图 3－54　客户评价图

可以从强化服务意识、保证营业时间、满足送货上门需求、缩短服务半径、改善服务环境、提高取件效率等几个方面提升客户满意度。

实战演练

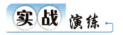

模拟驿站场景，选取指标，构建指标体系，完成数据收集，并对数据进行分析处理。

任务评价

任务名称	驿站数据化运营
任务完成方式	小组协同完成
任务评价内容	分值
构建指标体系	30
选取各类指标数据	35
数据分析与处理	35
成绩评定	小组自我评价 40%
	教师评价 60%